心をととのえるスヌーピー

悩みが消えて

チャールズ・M

訳：谷川俊太郎

監修：枡野俊明

光文社

はじめに

・・・・・・・・・・・・・・・・

今回、ご縁を頂戴し、私は「ピーナッツ」というコミックや作者・チャールズ・シュルツさんの生前の言葉、詩人・谷川俊太郎さんの翻訳に「禅に通じるもの」を見出しました。「自然の摂理の中に真実の声を聞くこと」は、禅の基本ですが、ピーナッツのキャラクターたちは、たびたび自然の情景を前に名言をつぶやきます。「禅に通じる」のは、モノクロであることも挙げられます。禅文化のひとつに、水墨画があります。たとえば、柿の絵は、墨だけで描かれても、熟した橙色に見えたり、青々とした若い果実に見えます。白い紙に黒で描かれた世界に、どのような色を見るか。それは受け手に委ねられている。それと似たはたらきが「ピーナッツ」にはあります。またコミックには、白い部分がきちんと残されています。これもまた、「余白」を尊ぶ禅に通じるところでしょう。そして、忘れてはならないのは翻訳の力。谷川俊太郎さんの翻訳に「禅に通じるもの」が感じられるのは、禅と密接な関係にある、茶道を探究した『茶の

美学』という本を、お父さまである哲学者・谷川徹三氏が執筆され
ているからかもしれないと思い巡らせます。もちろん、家族とは言
え他人ですから、親の影響だけによるものではないでしょう。それ
でもなお、そのように想像するのは、「曹源一滴水」という禅語が
思い浮かぶからです。禅は、達磨大師から数えて六代目、六祖慧能
禅師から大きく世に広がり、現代に生きる私のところにも流れて
います。初めは一滴の水だったものが大河になっていくさまは、た
だ一人の師から弟子へ教えが伝えられ、やがて世界に伝わるのと
重なります。谷川徹三氏の感性の一滴が谷川俊太郎さんにも流れ
ている、そんな風にも感じられるのです。モノクロで描かれ、余白
があり、谷川俊太郎さんが翻訳を手がけている……これらに、禅と
の不思議な因縁を感じます。それでは、ここからはみなさんと一緒
に、禅で「ピーナッツ」の世界を読み解いていきましょう。きっと
「ピーナッツ」がもっと好きになり、禅を身近に感じられるはずです。

禅に通じるピーナッツの世界

・・・・・・・・・・・・・・・・・

モノクロで描かれ、余白が生きているピーナッツコミックは、禅に通じるものがあり、
登場するキャラクターのセリフにも禅語と重なる部分が多々見られます。
また無言でもそこには禅語に通じる世界が広がっているのです。

ピーナッツコミックと禅

百不知百不会
ひゃくふちひゃくふえ

宋の時代に活躍した無文禅師は悟りを得た後「自分は全く知らないし、
何もわかっていない」という意味の言葉を遺しました。

1982.02.01

人生ってのはびっくりす
ることだらけだって言う
ね

何もかも見つくしたって
思ったちょうどそのとき
に…

…そうじゃなかったこと
を思い知らされるのさ

勢不可使尽
いきおいつかいつくすべからず

ノリノリのときこそ、状況を慎重に見て行動せよ、という法演禅師の禅語。
ウッドストックの様子には、この禅語がぴったりです。

1975.05.06

シュルツさんの名言と禅語

「まずはやってみて乗り越えてどういう結果になるかを見るしかない」

結果自然成
けっかじねんになる

負けてばかりなのに続けた結果、チャーリー・ブラウンは勝利を手にします。取り組めば結果が出る。これぞ「結果自然成」です。

1993.03.29

最後の大一番だよ、チャーリー・ブラウン…最終回… 2アウト…打順はきみだ！

すごいプレッシャーだ、でもぼくならやれるぞ！　自分でわかってるんだ…

落ち着けばいいんだ…

ほら、バット使ったほうがいいよ…

1993.03.30

ぼく9回裏でホームラン打ったぞ、そして勝ったんだ！ぼくはヒーローさ!!　お兄ちゃんが?!

「他の誰でもない、徹底的に自分らしいことをしなさい」

主人公
しゅじんこう

「いついかなるときも本来の自己でいる」という意の禅語。瑞巌 ずいがん 和尚は、毎日、自身に向かって「主人公」と呼びかけていました。

1970.11.27

わたしの人生よ、わたしがしたいことをするわ！

わたしはわたしよ！

わたしの人生よ、それを生きるのはわたしよ!!

ちょっとした手助けはいるけど…

もくじ

のんびりでいい

自分のペースで頑張ろう

PEANUTS CHARACTERS

Woodstock
ウッドストック

スヌーピーの大親友の黄色い小鳥。いつも一緒に屋根の上で遊んだり、お昼寝をしたりしている。まっすぐ飛ぶのが苦手で、いつもフラフラしている。スヌーピーだけが理解できる独特な言葉を話す。

Snoopy
スヌーピー

チャーリー・ブラウンに飼われているビーグル犬。いつも犬小屋の屋根で寝ている。食いしん坊で、クッキーやアイスクリームが大好物。想像力豊かで、ジョー・クールやフライング・エース、弁護士などの変装をして楽しんでいる。

Sally
サリー

チャーリー・ブラウンの妹。学校が嫌いで、苦手な宿題をチャーリー・ブラウンに押し付けようとする。ライナスが大好き。わからないときには「関係ないでしょ」と言う。

Charlie Brown
チャーリー・ブラウン

不器用だけど心優しい男の子。愛するスヌーピーには、「丸頭の男の子」としか認識されていない。野球ではいつも勝てないが、決してあきらめないで練習を続けている。臆病で好きな女の子にも話しかけられない。

Lucy
ルーシー

大きな声でいつもガミガミ言っている。「精神分析スタンド」を開き、5セントでチャーリー・ブラウンの悩みを聞いてあげている。シュローダーに片思いをしている。

Schroeder
シュローダー

ベートーベンを愛する音楽家で、おもちゃのピアノでクラシックの名曲を弾いている。ルーシーの求愛にはうんざりしている。野球チームではキャッチャーをつとめる。

Peppermint Patty
ペパーミント パティ

リーダーシップがある元気な女の子。チャーリー・ブラウンのことが大好きで「チャック」と呼んでいる。スポーツが得意で、自分の野球チームを持っているが、勉強は苦手。一番の親友はマーシー。

Marcie
マーシー

優等生で勉強が得意だが、運動は苦手。友情に厚く、親友のペパーミント パティを「先輩」と呼んでいる。しかし、チャーリー・ブラウンを巡っては恋のライバル。

Pigpen
ピッグペン

Franklin
フランクリン

学校ではペパーミント パティの前の席に座っている。友人のチャーリー・ブラウンとは、「最近、おじいちゃんはどう？」と、よくおじいちゃんの近況報告をし合う仲。

いつもホコリだらけだが心はきれいな男の子。きれいに洗っても、なぜかたちまちホコリだらけになってしまう。誰に何を言われても、ありのままの自分に満足している。

Linus
ライナス

ルーシーの弟。精神安定のための「安心毛布」が手放せない。それが原因で、ルーシーをイライラさせている。頭がよく、チャーリー・ブラウンの恋の相談相手。カボチャ大王の存在を信じている。

Rerun
リラン

ルーシーとライナスの弟。いつもママの自転車の後ろに乗っている。犬が飼いたくて、よくスヌーピーと一緒に遊ぶ。名前の由来はまた弟が生まれることをルーシーが「再放送（rerun）みたい！」と言ったことからライナスが命名。

Spike
スパイク

砂漠でサボテンと暮らす孤独な兄。作者シュルツの飼い犬と同じ名。性格は優しい。ミッキーマウスと友だちで、兄弟のために靴をプレゼントされたことも。

スヌーピーと読む禅

暮らしの中に「け

禅語

「喫茶喫飯」

きっさきっぱん

サリーは「最善の生きかたは一度に一日ずつ生きること」と発表します。このセリフは、まさに「喫茶喫飯」。茶に逢っては茶を喫し、飯に逢っては飯を喫すという意味です。お茶を飲むときはただお茶を飲むことになりきればいい。ご飯を食べるときは、ただ食べることになりきればいい。丁寧に暮らそうとするときの心構えとして、これは大切なことです。やりたいこと、やるべきことが目の前にたくさんあっても、今この瞬間に全力で取り組めるのは、ただひとつ。あちらに手をつけ、こちらに手をつけ……としていると、一方で何かを忘れたり、何かが片手間になってしまいます。そして結局、何ひとつ満足に成し遂げられません。また、やりかけのものが積み重なると「あれもできていない、これもできていない」と不安が生まれます。サリーのように自分の中で境界線を設けて、一日、一日、ひとつひとつに、けじめをつけることが「今」を疎かにしない生き方です。

じめ」をつける

いかに生きるかについてのリポートです…

最善の生きかたは一度に一日ずつ生きること…

もし一度に七日生きようとしたら、知らない間に一週間が終わってしまいます…

最善の生きかたは一度に一日ずつ生きること

今を一生懸命に生きる。そ

禅 語

「而今」

にこん

姉のルーシーが「あなたはいつも…」と言うと、弟のライナスは「『いつも』って言うなよ！ 人生に『いつも』はないんだ」とたしなめます。"いつも"には、"過去、今、さらには未来をも含まれている"と取れ、ライナスは納得がいかなかったのかもしれません。道元禅師は「いはくの今時は人人の而今なり。我をして過去未来現在を意識せしめるのは、いく千万なりとも今時なり、而今なり」と説かれています。過ぎ去った時は二度と戻ってきません。誰しも過去を振り返ることはありますが、過去の失敗を悔やんでばかりいたり、あるいは過去の栄光にしがみついていたのでは、肝心な今が過ぎ去ってしまいます。また、まだ来ぬ未来を考え不安になってしまっても、いいことは起こらないのではないでしょうか。過去や未来をあれこれ思い悩むのではなく、今を一生懸命生きる。大切なのは「今」というこの瞬間。それが未来へつながっていくと考えるといいでしょう。

れが未来へつながっていく

あら、そう？　もう、
あなたはいつも…

「いつも」って言う
なよ！　人生に「い
つも」はないんだ

折にふれて、しばし
ば、あなたには頭に
くるわ！

「いつも」って言うなよ！
人生に「いつも」はないんだ

「そのとき」にしか手

禅 語

「年々歳々花相似
歳々年々人不同」

ねんねんさいさいはなあいにたり
さいさいねんねんひとおなじからず

美しい花を一緒に見た過去の出来事に思いを馳せながら、諸行無常であることを説くこの言葉。年ごとに花は同じように咲くけれど、それを見る人は年ごとに違う。自然の悠久さと人間の生命のはかなさが対比され、「今」が「今」しかないことを教えてくれます。どんなに望んでも過去の喜ばしい日は、人生に二度と巡ってはきません。どんなに苦しかった日も同じ一日には巡り会えません。そして、どんなに待ち望んでも、明日という日が必ず来るという保証はないのです。春になれば花が咲き、夜になって眠れば明日になる。それは決して当たり前ではない。だからこそ、当たり前に感じてしまいがちな今日が、かけがえのないありがたい一日であることを自覚して大切に生きましょう。ときに過去の出来事を思い出すのもいいでしょう。しかし、あのときはよかったと今を嘆くのではなく、今日という日の貴重さに気付くきっかけにすることが大切です。

に入れられないもの

1972.02.28

わたしたちには誰だって希望が必要よ、フランクリン、わかってる？

わたしたちには誰だって思い出も必要だわ…いい思い出がなくちゃ、人生はボロボロよ…

ぼく、前にいい思い出が 3 つあったんだけど…

なんだったか忘れちゃった！

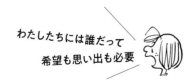

わたしたちには誰だって
希望も思い出も必要

変化を恐れず

禅 語

「諸行無常」

しょぎょうむじょう

ライナスの「どんなことも永遠に続きはしない」というセリフは、仏教の根本思想のひとつである「諸行無常」を言い得ているようです。諸行無常は、森羅万象、この世で起こることのすべては、ひとときも留まっていないという教えです。ところが人は、安心を求めて自分にふりかかる変化を嫌い、「無常」に逆らおうとします。しかし、どんなに頑張ったところで、努力を重ねたところで、無常を止めることはできません。無常を深く受け入れれば、あなたが今、もしも好ましくない状況に置かれていても「やがてよくなるさ」と思えてきます。逆に絶好調の只中にいるのであれば「同じ状況は長く続かないのだから有頂天になってはいけない」と気持ちを引き締めることができます。日々、景色は変わり、風は変わり、季節は移ろいます。人生も同じ。すべてのことは常ならず。日々、変化していくのが私たちの命であり、一生です。

受け入れよう

どんなことも永遠に続きはしない

よいことはすべていつか終わる…

よいことはいつ始まるんだい？

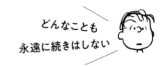

どんなことも
永遠に続きはしない

「今ここ」を

禅 語

「即今 当処 自己」

そっこん とうしょ じこ

———

たびたび授業中に寝てしまうペパーミント パティですが、自分で気付いているように「時は矢のように飛んでいく」ものです。このような人には、ぜひ「即今 当処 自己」という禅語を知ってほしいと思います。「今この瞬間に、自分がいるこの場所で、できることをやる」という意味です。自然災害や世界的なパンデミックに襲われるなど、私たちの未来はいつも不確実です。明日が今日と同じように無事に迎えられるとは限りません。また、時間を無駄にしてしまったと後悔しても過ぎ去った時間を取り戻すことはできません。先のことをあれこれ考えて不安を感じたり、悩んだりしても何もいいことはなく、また過去をあれこれ引きずっていても仕方がない。私たちにできるのは、「今ここ」を精一杯生きることだけなのです。人生にはいいときも悪いときもありますが、常に「今ここ」を自分らしく前向きに生きようとすることが、人生を豊かに、そして面白くしてくれるはずです。

精一杯生きよう

早く、マーシー、3番の質問の答えを！

3番の質問なんてありませんよ、先輩…そのテストは先週やりました…

遊んでると、時は矢のように飛んでいく…

遊んでると、時は矢のように飛んでいく…

汚れに気付いたら、そ

禅　語

「時時勤払拭」

じじにつとめてふっしきせよ

スヌーピーの「人は後悔しながら生きるべきじゃない」は、まさに禅語のようです。人は、失敗したり、気付かぬうちに誰かを傷つけてしまったりすることがあるでしょう。しかし、後悔を引きずりながら今を過ごすのではなく、心が濁ったり、くすんだりしているのに気付いたら、すぐに磨くといい。翻訳を手がける谷川俊太郎さんの「後悔」という詩の冒頭に「あのときああすればよかったと　そんなやくざな仮定法があるばっかりに　言葉で過去を消そうとするけれど　目前の人っ子ひとりいない波打際は　目をつむっても消え去りはしない」とあるように、過去は変えられません。後悔は引きずらないこと。内省して過去から学ぶことと、過去を引きずって今を生きることは違います。気付くとポケットの底のほうにホコリやチリが溜まっているように、あなたの心にも気付かぬうちに同じことが起こっているかもしれません。常に磨くよう心がけることをこの禅語は教えてくれています。

の都度きれいに心を磨く

人は後悔しながら生きるべきじゃないね…

心がずたずたになる可能性がある

もう何年も後悔しつづけてることがひとつあるんだ
…

いままで誰にも噛みついたことがないってこと!!

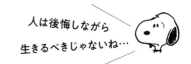

人は後悔しながら
生きるべきじゃないね…

妄想という邪念

禅　語

「莫妄想」

まくもうぞう

「莫妄想」とは、妄想するなかれという教えを説く禅語です。ここで言う「妄想」とは、俗に言う誇大妄想などの妄想とは異なり、生死、愛憎、美醜、貧富というような、相対的二元論による対立的な分別をやめなさいということです。なぜなら、分別をすると選り好みが生じ、執着心が起こってしまうからです。人は、比較をすると少しでも自分が上になりたいと願いがちです。あの人と比べて、自分のほうが優れていると。そのような欲はいったん持つとどんどん増していくものです。しかしそのような状態が、果たして豊かな人生と呼べるのでしょうか。欲をゼロにするというのは難しいことですが、ゼロに近づけるように努力することは可能です。まずは妄想しないようにすることです。わからないから怖いのではないかというライナスの考えは、わからないから妄想し、邪念にとらわれてしまう人間の怖さをも含んでいるように感じ取ることができます。

にとらわれない

もし何かを理解してたら、そんなに怖じけづかずに
すむのがふつうさ…

ぼくらはみんな、未知のものを怖がるんだと思うよ

そう思わない？

わからないな

ぼくらはみんな、未知の
ものを怖がるんだと思うよ

昨日は昨日、今日は

禅 語

——

「前後裁断」

ぜんごさいだん

——

　私たちは、過去、現在、未来という時間の流れに生きています。しかし、たった今、生きている現在は、過去でも未来でもなく、また「後」の過去や「前」の未来を生きているのでもない。これを「前後裁断」と言います。道元禅師は、この言葉を薪と灰を例にして説明しました。薪は燃えて灰になる。灰になったら薪に戻ることはない。薪は、灰の「前」の姿ではないし、灰は薪の「後」の姿でもない。薪は薪であり、灰は灰であって、どちらも独立している、と。つながっているようでも、それぞれ前後から切り離されているのです。このことがわかれば、いたずらに過去にとらわれることも、また無闇に未来に不安を抱えることもありません。過去に失敗したことがあったとして、「失敗した人間」として今日も生きるのか、過去は過去として内省し、行いを正し、今を毅然と生きるのか。当然、ペパーミント パティの言うように、人生をイニングごとにとらえて生きるべきでしょう。

今日、明日は明日

1999.05.20

ねえ、チャック、大学のこと考えたことある？

そうだな、あんまりないな…

そこが問題よ…あなたの人生には方向ってものがないのよ…

人生はイニング、イニングごとに計画しなきゃ…

やってみたんだけど…まだ相手チームが攻撃中なんだ…

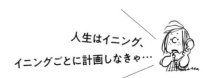

人生はイニング、
イニングごとに計画しなきゃ…

明日を頼らずに

禅 語

―――

「懈怠比丘　不期明日」

けたいのびく　みょうにちをきせず

―――

「懈怠比丘　不期明日」は、茶道の裏千家の代名詞「今日庵」の由来となった禅語です。千利休（せんのりきゅう）から数えて3代目の千宗旦（せんのそうたん）は晩年、隠居所として茶室を造りました。その席開きの日に、参禅の師である京都紫野大徳寺の清巌（せいがん）和尚を招きました。しかし約束の刻限に和尚の来訪がありません。そこで急用があった宗旦は、弟子に「和尚が来られたら明日また来ていただくように」と言い残して出かけました。宗旦が戻ってみると、すでに和尚はお帰りになられた後。そして茶室の腰張りに「遅刻するような怠け者の和尚は明日もう一度来ることは約束できない」という意味の、この禅語を見つけました。宗旦は表面的な字面ではなく「一期一会」の心をそこに読み取り、明日でいいという思いを戒めるかのように「今日庵」と名付けたのです。新しく迎える一日をいい一日にするには、その前の一日をいい終わり方にしておかなければならないこともこの禅語は教えてくれます。

今日を生き切る

昨日から学び

今日に生き

明日に期待する

今日の午後は休もう

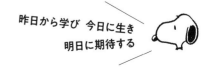

昨日から学び 今日に生き
明日に期待する

晴れの日も雨の日も

禅　語

―――

「日日是好日」

にちにちこれこうにち

―――

ともするとこの言葉は「毎日がよき日である」と取られがちですが、そうではありません。一年の中には晴れの日もあれば雨の日もあり、晴天には晴天の清々しさが、雨の日には雨の日にしか感じられない美しさがある。人生の中にもよき日もあれば、そうでない日もあります。光が当たるときもあれば、不運に見舞われるときもある。それぞれに、そのときにしか味わえないことがあり、それを味わうことが素晴らしいのです。人生は、いいとき、悪いとき、その繰り返しです。順境では生きる希望が得られるかもしれません。逆境では不屈の忍耐力が養われるかもしれません。うれしいことがあった日も、辛く悲しい日も、人生ではかけがえのない同じ一日。その大切さに目を向けましょう。今日という日が好日であるかどうかは、自分の心が決めるもの。境遇があなたの生き方を左右するのではありません。あなたの生き方、考え方によって、境遇は、どんなものにでもなるのです。

かけがえのない一日

1988.02.29

チェッ！ また「D
マイナス」！

人生には晴れもあれ
ば雨もあります、先
輩…昼もあれば夜も
ある…山もあれば谷
も…

今夜はわたしの谷は
土砂降りだわ！

人生には晴れもあれば雨もあります

比較して物事をとら

禅 語

———

「無分別」

むふんべつ

———

一般的には「分別ある人間になりなさい」など、「分別すること」は、よきこととして語られます。しかし禅では、物事をありのままに受け取り、比較しない見方をよしとします。これが「無分別」です。善悪、大小、優劣、長短など、世の中には、多くの相対的な観念があります。しかし、比較によって生まれた価値を禅では尊びません。そのもの自体に目を向けることが大切だからです。他との比較によって生まれる満足は、本当の意味での満足ではありません。常に自分と他人との「差」しか見ていないからです。比較という思考は、自分の目を曇らせてしまいます。誰とも比較することのないままの自分自身で、しっかりと自分自身を見つめる。家で、学校で、会社で、ずっと比較されてきた人たちは、きっと苦しさを感じているのではないでしょうか。この禅語、このコミックとの出会いをきっかけに、他人との比較から卒業してしまいましょう。

えることから卒業する

考えてほしいんだけど…

世の中に悪い人のほうが多いの、それともいい人の
ほうが多いの？

誰が言えるのさ？　誰が悪い人で誰がいい人なのか
なんて誰が言えるのさ？

わたしよ!!

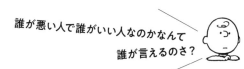

誰が悪い人で誰がいい人なのかなんて
誰が言えるのさ？

それぞれのありのままこそ

禅 語

———

「柳緑花紅」

やなぎはみどり　はなはくれない

———

春風に揺れる柳の緑、エネルギーを放つかのように咲く花の紅色。「柳緑花紅」は、美しい景色をそのまま写し取った禅語です。柳も花も自然のままにそこにあるだけ。それぞれが個性を持ち、かけがえのない命を全うしているからこそ美しい。人にもそれぞれ個性があり、価値観も千差万別です。その違いを認め合うことから、よき人間関係は始まっていくと教えてくれています。ありのままの姿を受け入れることは簡単ではありません。しかし、お相手を柳に喩えて緑とするならば、自分は花の紅。柳を紅に変えようとするからストレスになるのです。「理解してほしい」と相手を変えようとするのは、柳を紅に変えるようなもの。お互いがお互いを素の形で認め合い、尊重し合うことが大切です。みんな違っていていいと言うチャーリー・ブラウンと、みんな私と同じだったらいいと言うルーシーの会話に、ありのままの個性を認め合っている友人同士の雰囲気が感じ取れます。

真実。違い、個性を認め合う

人間がそれぞれに違ってるってのはほんとにいいことだ

みんながすべてについて意見一致なんかしたら、ひどいことになるよね？

なぜ？

もしみんなが**わたし**と一致したら、みんな正しくなれるわ！

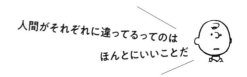

人間がそれぞれに違ってるってのは
ほんとにいいことだ

041

比べた途端に、問題

禅語

「元来不識」

がんらいふしき

ダルマさんで知られる達磨大師は、梁の武帝と禅問答の末、「お前はいったい何者だ？」と詰め寄られ「不識」と答えました。「不識」とは直訳すれば「知らん」という意味です。時の皇帝を前にしたら、なんとか適当な答えを言ってしまいそうなものですが、達磨大師は怯むことなく「知らん」と答えます。その言わんとしたところは、真実の自分など、思慮分別で図ったところでわかるものではないというところでしょう。「問題」を大きいか小さいか頭で考えようとするから、いつまで経っても答えに辿り着けない。目の前の事象を「問題」だととらえるから、それにとらわれてしまう。「問題」を問題視しないライナスのような姿勢は、もしかしたら達磨大師に通じるものかもしれません。物事を二元的にとらえようとしない。それを超越した認識として達磨大師の「不識」があります。識（知っている）、不識（知らない）を超越したものとしての不識なのです。

にとらわれてしまう

1963.02.27

ぼく問題に真っ向からぶつかるのは嫌なんだ

一番いい解決法は、問題を避けることだと思う

これはぼくのはっきりした哲学なんだ…

どんな問題であれ逃げ出せないほど大きくも複雑でもない！

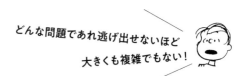

どんな問題であれ逃げ出せないほど
大きくも複雑でもない！

自分のいる場所で「自

禅　語

———

「無心」

むしん

———

必要以上に自分を大きく見せようとしたり、また逆に実際の姿よりも自分を過小評価して卑下したり……。心に「邪」があると、気付かぬうちに妄想や執着に縛られてしまいます。心を無にすることが「無心」。こう聞くと、厳しい修行で欲を削ぎ落としていかなければならない、深遠な境地に辿り着かなければならない、などと難しく考えてしまうかもしれません。「無心」は、決して難しいことではありません。心を空っぽにすればいいのです。下心を捨てて、ありのままの自分の姿を相手に見せる。いつでも、どのような相手に対してでも自然体の自分で臨む。下心があると、欲をかいて失敗し、かえって損をすることがあります。人はどんな現実に直面していようと、自分に与えられた場所で、ありのままの自分を精一杯生きればいいのです。スヌーピー風に言い換えれば、「配られたカードで勝負する」ことが大切です。

然体の自分」で生きる

ときどき、あなたは
どうして犬なんかで
いられるのかと思う
わ…

配られたカードで勝
負するしかないのさ
…

それがどういう意味
であれ

配られたカードで勝負するしかないのさ

「ウソのない自分」

禅 語

———

「処々全真」

しょしょぜんしん

———

「ああなりたいな」と理想像を持つことは、ときとして自己成長の駆動力になります。しかし、その思いも行きすぎたり、芯となる自分を丸ごと消してしまうような妄想を抱くのでは本末転倒です。「処々」は、「ところどころ」で、ここでは、いたるところの意味を持ちます。「全真」とは、「全てが真実」という意味。つまり、いたるところ、すべてが真実ということです。私たちの日常のいたるところ、家でも、学校でも、会社でも、自然の中でも、目の前には真理がある。しかし、私たちは、それに気付かないこともあります。何事も無心に徹し、五感をはたらかせていれば、今まで気付かなかった真理が現れてきます。すべてあるがままの自分を認め、受け入れましょう。自分の中にも真理は存在します。それを「他の人間になろう」だとか、「よく見せよう」とするのは、不安を生み出すものです。自分は、自分という人間で生きていく。心に留め置きたい禅語です。

で堂々と日々を送る

パパは床屋やってる
のが好きなんだ

何か違うものになり
たいと願いながら人
生を送るのは耐え難
いって

ぼくは犬以外のもの
になりたいなんて思っ
たことないな…

何か違うものになりたいと願いながら
人生を送るのは耐え難いって

他者と違うこ

禅 語

「木鶏鳴子夜」

もっけいしやになく

スヌーピーは、ウッドストックの行動を肯定し、「みんながそうする
からって、君がしなきゃならないってことはない」と語りかけます。
「木鶏鳴子夜」は「芻狗吠天明」と対をなす禅語。「木彫りの鶏が子
の刻に鳴き、藁細工の犬は夜明けとともに吠え出した」というのがそ
の意味です。鶏が鳴くのは夜明けで、犬の遠吠えは深夜が常識と思わ
れていますから、これは何物にもとらわれない自由自在の言動を指し
ています。私たちは、地域、学校など、世の中から「今あることを受
け入れることをよし」とする「所与性」や、周囲の多くの人と同じよ
うに考え行動するよう、暗黙のうちに強制する「同調圧力」の影響を
受け、常識というものにとらわれてしまいがちです。しかし、自分の
感性を信じて行動してみれば、きっと、それまでにない自由を感じ、
人と比べない本当の自分の姿に気付けるでしょう。「木鶏鳴子夜」と
いう禅語で、ぜひ突き抜けた境地に想いを馳せてみてください。

とを恐れない

1990.11.02

あのね、行きたくな
けりゃ、冬に備えて
南へ行かなくたって
いいんだよ…

みんながそうするか
らって、きみがしな
きゃならないってこ
とはないんだ…

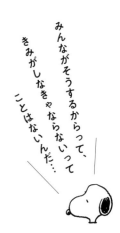

みんながそうするからって、
きみがしなきゃならないって
ことはないんだ…

思い込みや先入観に縛ら

禅 語

「無縄自縛」

むじょうじばく

「無縄自縛」とは、縄もないのに、自分で自分を縛り付けていること。見えない縄で自分を縛ってしまい自由になれないという意味です。思い込みや先入観で自分の考えを限定していませんか？ もしかしたら「前例がないからやってはいけない」と思っているのは、あなただけかもしれません。意地悪を言われたように感じても、見方を変えればそれはあなたを成長させようとして放たれた言葉なのかもしれません。自分ではない他の人が作った固定観念や常識に必要以上にとらわれてしまってはいけません。何事もまっさらな気持ちで接すれば、世界は変わって見えるものです。チャーリー・ブラウンとルーシーのやりとりに、人はつい、先入観や固定観念から「人生の答えは、最後にある」と考えがちなことに気付かされます。しかし、どこにあるかわからないのが人生の答え。だからこそ、毎日を精一杯に生きようというメッセージが込められているように感じられます。

れない、まっさらな心で

1972.01.25

「人生という本においては、答えは後ろに載っていない！」

これがぼくの新しい哲学さ

あなた困ってるんだと思うわ

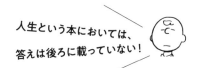

人生という本においては、
答えは後ろに載っていない！

周囲に惑わされず

禅語

「吾道一以貫之」

わがみちは　いちをもってこれをつらぬく

―――――

　周囲の人々がよかれと思ってアドバイスをしてくる。勝手な正義を押し付けてくる。そのようなありがた迷惑な経験をしたことが、誰しもあるのではないでしょうか。しかし、周囲の声ばかりを聞き、あちらの意見にフラフラ、こちらの意見にフラフラしていたのでは、何ひとつ十分に得ることはありません。自分が正しいと思う、そのただひとつのことを心がけて変わらないようにする。「吾道一以貫之」は、他人に惑わされず、一貫した態度でひとつの道を歩むこと。ピッグペンは、たびたび外見について指摘されます。しかし、彼は気にしません。お釈迦さまの時代、僧侶は使い道のない捨てられた布を縫い合わせて、袈裟にしていました。糞をぬぐうような汚れた布である「糞掃衣」などは、人々の衣服に対する欲や執着から離れた尊いものだからです。外見をよく見せようとする欲を持たないピッグペンが、いつも変わらぬ外見であるのは、他人に惑わされていないからでしょう。

に我が道を進む

ピッグペン、汚らしいだけでもよくないけど

でもせめて靴ひもくらいは結んだら？

ぼくにどうしてほしいの…

首尾一貫するなとでも？

ぼくは首尾一貫している

見る人によって物事が違っ

禅 語
―――

「一水四見」

いっすいしけん

―――

この禅語は、同じものでも見る者の見方によって違ってくることを説いています。水ひとつとっても、同じ水でありながら、天人はそれを宝石で飾られた池と見る。人間は水と見る。餓鬼は血膿と見る。魚は自分のすみかと見る。さっと分けただけでも四つの異なった見方がある。このように、同じ対象物が異なって認識されることを示すのが「一水四見」です。つまり、すべてのものは見る側の心によって変わる。この「一水四見」という禅語が教えてくれるのは、何も水だけに限った話ではありません。私たちの身に起こる、出会いや物事は、すべて「一水四見」なのです。水は水だという、自分一人の考えだけが正しいと思い込むのではなく、見方によって、また立場によって、同じ水でも、さまざまな姿になるということを覚えておくといいでしょう。犬小屋の屋根から動かないスヌーピーですら、時間帯によって考えが変わっているのですから。

て見えることを忘れない

午前3時に考えたことを翌日の正午に考え直すと、
答えが違ってくるね…

午前3時に考えたことを
翌日の正午に考え直すと、
答えが違ってくるね…

外にではなく自分の

禅　語

「名利共休」

みょうりともにきゅうす

勝ち負けの世界では、勝てばうれしく、誇らしい気持ちになるでしょう。名声や富が手に入れば、それもメリットと感じるかもしれません。しかし、それは心の中で「ちょっとしたご褒美」と心得ておくぐらいがいい。「名聞利養」の略である「名利」は、名声や利得に執着しない心を持つという意味です。名声や富を手にすると、人は傲慢に振る舞ってしまいがち。いっときならば、周囲に大勢の人が集まってくるかもしれません。しかし失ってしまったら、どうなるでしょうか。世間での名声や経済的な富は、永遠に変わらずに持ち続けられるものではありません。何かあれば、いとも簡単に消えてしまいます。そのようなものには執着せず、本当の豊かさとは何かに気付くこと。マーシーは、野球の勝ち負けにはこだわらず、自分の心の充足に目を向けています。私たちも、マーシーのように日々の暮らしの中に心の充足を見つけられると幸せが身近に感じるのかもしれません。

心の充足に目を向ける

1988.03.12

MARCIE, YOU SHOULD BE OUT IN RIGHT FIELD..

I'M HAPPIER STANDING HERE WITH YOU, CHARLES...

マーシー、ライトに
いなきゃダメだよ…

あなたのそばがいい
のよ、
チャールズ…

BUT WHAT IF SOMEONE HITS A BALL TO RIGHT FIELD?

WHO CARES? I'M HAPPY JUST STANDING HERE NEXT TO YOU, CHARLES

でも、ライトに球が
来たら？

いいでしょ？
あなたのそばに立っ
てるだけで幸せなの

WE DON'T WIN ANY GAMES, BUT I HAVE HAPPY PLAYERS..

試合には勝てないけ
ど、幸せな選手はい
るんだ…

試合には勝てないけど、
幸せな選手はいるんだ…

あなたはこの世でたったひと

禅 語

「花枝自短長」

かしにおのずからたんちょうあり

同じように育てていても、花をつけた枝は、それぞれ長かったり短かったりします。それゆえに全体のバランスが取れ、美しさが保たれるという摂理を表しているのがこの「花枝自短長」です。暑さを回避できるいい方法を探し出そうとしているチャーリー・ブラウンとライナス。そんな二人の前に、独自の方法で涼んでいるスヌーピーが現れます。自分たちは多分しないであろう個性的な涼み方を目の当たりにする二人ですが「人それぞれのやり方ってものがあるさ」と通り過ぎます。人の個性は十人十色。人と違っていていいのです。人と自分を比べ、欠けている部分を探し、悲しい気持ちになるのはやめましょう。また、人と同じようなものを好み、同じような考え方をしなければならないなどということはありません。あなたはこの世でたったひとつの存在なのですから。自分だけの個性を失うことはもったいないことであることを知りましょう。

つの存在。人と違っていい

暑いときに涼しくすごす一番いい方法はなんだろうね？

さあね…いろんな方法が考えられるけど…

人それぞれのやり方ってものがあるさ…

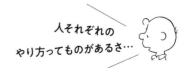

人それぞれの
やり方ってものがあるさ…

スヌーピーと読む禅 ～貴重なひとりの時間～

大切にされていると感じた

禅 語

———

「残心」
ざんしん

———

茶道に禅を取り入れた村田珠光の流れを継いだ茶人、武野 紹鷗は、ふとした気の緩み、一瞬の粗雑さで、茶会を台無しにしないよう、道具を丁寧に扱うことを説きました。道具を置いたその手には、別れを惜しむように、心をそこに残しましょう、と。これが「残心」です。私たちは日頃忙しく、自分のことばかりで、他を思いやることなどあまりないかもしれません。しかし、他者から、思いやりの心を受け取ったとき、ふっと心が温かくなったことが誰しもあるのではないでしょうか。その心をこの「残心」という禅語は思い出させてくれます。スパイクを見送るように立つサボテンと、サボテンに残心があるように感じるスパイクの心のありよう。ひとりぼっちの寂しさを感じたことがある人ならば、同じような状態にいる人に遭遇したとき、自分がどのように立ち居振る舞えばいいかおのずとわかるはず。このコミックは、それをわかりやすく伝えてくれています。

ら、ひとりでも孤独じゃない

ちょっと町へ出てくるぜ

心配するなよ…
暗くなるまでに帰るよ…

出かけるとき、誰かが寂しがってくれるっていうの
は、いいもんだね

ふり返ると、まだ手を振ってくれてるのが見えるよ
…

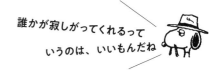

誰かが寂しがってくれるって
いうのは、いいもんだね

耳をすませ、心

禅語

「閑坐聴松風」

かんざしてしょうふうをきく

茶道では、茶釜に湯が沸くチリチリとした音を「松風」と呼びます。「松風」は松の葉が風を受けて鳴らす、小さな音のこと。「実際にはほとんど聴こえない音が聴こえるかのごとく」を表しているのが「松風」です。湯が沸き始め、ささやかな音が茶室に小さく響くことで静寂の奥深さを味わいます。「閑坐聴」は、ただ静かに坐って聴くこと。いろいろな音にあふれる忙しい生活の中で、ただ静かに坐ることで、聴こえてくるものに耳を傾けることの大切さを説いています。コミックでは、大勢の中にいても寂しいと感じ、寂しく思わないのは、ひとりのときだけであるとつぶやくルーシー。静かな時間を持つと、自ら、自分に必要な大切な芯をつかむことができます。澄み切った心でいれば、本当に大切なことを聞き逃してしまうことは減っていきます。ひとりでいるときに寂しさを感じない、というルーシーは、もしかしたら「松風」を聞いているのかもしれません。

の声を聞こう

大勢の中にいて寂しいって思ったことあるかい？

あるわ、何度も…ほんとのこと言うと、大勢の中ではいつでも寂しい気がする…

ほんとに？
そうよ

寂しく思わないのはひとりでいるときだけよ！

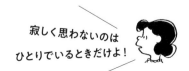

寂しく思わないのは
ひとりでいるときだけよ！

たとえひとりぼっ

禅 語

「直心是道場」

じきしんこれどうじょう

「直心」とはまっすぐな心、執着やとらわれのない心のことです。「道場」とはその道を修行する場所、の意味。「直心是道場」とは、執着せず、まっすぐな心を持って修行すれば、いつでも、どこでも「今いる場所」が道場となり、自分を精進させることができるという意味になります。ライナスが誰になんと言われようが"カボチャ大王"の存在をかたくなに信じているように、誰も賛同をしてくれない自らの信念を守り貫き通すことは、勇気がいることでしょう。ついつい、周囲との関係性や孤立、孤独を恐れ、他の人の意見に流されてしまうこともあるかもしれません。しかし、独自の道を進む勇気を持つことは、ときとして大切なことです。同調圧力によって間違った意見に社会が流されてしまいそうなとき、どんな状況でも素直でまっすぐな気持ちを持ち続けることができれば、それはもしかしたら、正しい方向へと戻る道標となってくれるかもしれません。

ちの意見でも！

また「カボチャ大王」を待ってるんじゃないだろうね？

ありえないものをどうして信じられるの？　現われやしないよ！　存在しないんだもの！

きみが例の赤い服で白いひげの「ホーホーホー」って言うやつを信じるのやめたら、ぼくだって「カボチャ大王」信じるのやめるよ！

われわれは明らかに宗派の違いで分断されている！

ありえないものをどうして信じられるの？

自然は、自分次第

禅 語

「江月照松風吹 永夜清宵何所為」

こうげつてらししょうふうをふく
えいやせいしょうなんのしょいぞ

「江月照松風吹永夜清宵何所為」とは、月は川の水を照らし、松を吹く風は爽やかである。この清らかな夜の景色は何のためにあるのか、という意味。この禅語は、月は誰かのために輝いているのではなく、風も何かの計らいがあって吹いているわけではないことを教えています。自然の作り出す美しさは、何か理由があってのことではないということです。砂漠で暮らすスパイクは、サボテンをギャルソンに擬して、ひとりぼっちの砂漠を貸し切りレストランのように見立て、豊かな夜の時間を過ごしています。枯山水など、禅の庭でも白砂や小石を敷いて水面に見立てたり、石組みだけで滝が流れているように感じさせたりしますが、スパイクの試みは、その方法と似ているかもしれません。たとえひとりであっても、あなたはあなたの力で心を自在に操ることができます。おしゃべりする相手がいないことを嘆くのではなく、ひとりの時間を豊かにできるかどうかは、自分次第なのです。

でいつでも友だち

砂漠にひとりで暮らしてると、自分で楽しみを作り
だださなきゃならない…

ギャルソン…

メニューを頼むよ

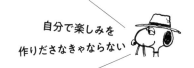

自分で楽しみを
作りださなきゃならない

ひとり自分のペースで歩く

禅　語

「聞声悟道　見色明心」

もんしょうごどう　けんしきみょうしん

この禅語は、目の前に広がる自然の姿の中に声を聞き、色を見て、自分の心を明らかにすることを意味しています。あなたの今日一日の心のありようは、どのようなものでしたか？　ネットニュースを見て心をざわつかせる、他愛もない配信動画を見てなぜかイライラ感が残る。そんな時間はありませんでしたか？　現代社会に生きている私たちには、常に過分な情報が降り注いでいます。そして、ときにそれを受容していることにすら無自覚になってしまう。しかし、スヌーピーは自分のペースで歩きながら、日光、空気、植物、水、土壌、鳥、微生物と、さまざまな存在に気付きます。そして、それらが縁で結びついていることにも気が付き、平安な心で歩みを進めます。これこそが「聞声悟道　見色明心」です。心に疲れを感じたら、スヌーピーのようにひとりで散歩をしてみてはいかがでしょうか。ひとりでいることと孤立は異なります。ひとりでいるからこそ、大切なつながりに気付けることもあるのです。

からこそ、気付ける真実

注意深いスカウトはハイキングでたくさんのことを
学ぶ・・・

彼は「自然の複雑なしくみ」について学ぶ

日光、空気、植物、水、土壌、鳥、微生物・・・・

すべてがビーグルにより良い生活を送らせるために
力を合わせてる！

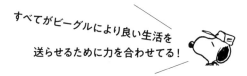

すべてがビーグルにより良い生活を
送らせるために力を合わせてる！

ひとりの夜は、流されな

禅 語

「水急不流月」

みずきゅうにしてつきをながさず

川の流れがどんなに急でも、その水面に映る月が流されることはありません。それが「水急不流月」が意味するところです。世の中は、常に流れ続ける川のようなものですが、真理、真実は、月のように変わらない。この禅語は、日々起きる出来事に、一喜一憂するのではなく、急流に映る月のように、ブレない不動の心を持つことを教えています。ひとりぼっちの夜、孤独であることに押しつぶされそうになり、ひとりで部屋にこもってしまうこともあるでしょう。しかし、そんなとき、閉じこもって下を向いてしまうのではなく、屋根に寝そべり空想をするのが好きなスヌーピーのように、夜空を見上げてみるというのはいかがでしょうか。下を向いていたせいで、今まで気が付くことができなかった輝きが夜空に広がっていることに気付くはず。見上げることで、本当に大切なモノ、コトが、見つけやすくなるかもしれません。月は、今宵も、あなたの空にあるのですから。

いものを見つける宝の山

1971.07.30

なんて美しい夜だ…

満月だ…

…そして空には数えきれぬほどの星…

星焼けするにはおあつらえ向きの夜だね…

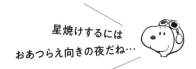

星焼けするには
おあつらえ向きの夜だね…

孤独ではない。どこかに必

きみのところも雨降ってるかい？

禅 語

——

「千里同風」

せんりどうふう

——

きみのところも雨降ってるかい？

ず同じ境遇の人がいるから

1999.10.04

千里も離れた遠いどこかでも、今あなたが感じている風と同じ風が吹いていますよ、という意味の「千里同風」。この場合の千里は「あらゆるところ」を指します。それほど遠く離れた場所にも、同じ風が吹いているという意味です。転じて、どんなに遠く離れていてもどこかに自分と同じような境遇に悩んでいたり、同じような夢を持っていたりする人が必ずいるということです。長い人生の間に、ひとりぼっちを痛感するような、孤独感に心が折れそうになる状況に身を置かざるを得ないこともあるでしょう。そんなときには、どうかスヌーピーのお兄さん、スパイクのこのコミックを思い出してみてください。自分も雨に濡れているけれど、話し相手にしているサボテンもまた雨に濡れている。雨に濡れているのは、自分だけではないことに気付くのです。孤独と孤立は違うもの。ひとりの時間を孤独感によって苛まれてしまわない知恵がこのコミックには端的に表れています。

ひとり自然の中に身を置くこ

禅 語

———

「渓声山色」

けいせいさんしき

———

ひとりでいるとき、静かであるにもかかわらず、悩みで頭がいっぱ
いになって、心が騒がしくて仕方がない……。そんな風になったこ
とはありませんか。せっかくひとりの時間が持てたのなら、スヌー
ピーのように自然を感じてみましょう。「渓声山色」とは、谷川の
水音、変わりゆく山の色、そこに仏さまの説法を聞き、見るもの聞
くもの、みな仏の姿、と見た道元禅師の言葉です。草も木も山も川
もすべてに心がある。これを仏教では「仏性」があると言います。
悟りの目で見れば、天地一切の事々物々は、ことごとく仏の現れで
あり、真理の現れ。人間だけではなく、動植物、大地さえもみんな
同じ命を持つからこそ、その思いを遂げることができる。地球上に
あるすべてのものが、その役割をきちんと果たすことができれば、
それら命の輝きはなんと眩しいことでしょう。今いる世界がそのよ
うなものだと気付ければ、おのずと希望も湧いてくるはずです。

とで、感じられる希望もある

誰にだって希望は必要だ…

ときにはささやかなことで希望がわくものさ…
友だちのほほえみ、歌、それとも木々の上高く飛ぶ
鳥の姿…

希望はないね

誰にだって
希望は必要だ…

Part 1 スヌーピーと読む禅 ～貴重なひとりの時間～

のんびりとひとりで

禅 語

「白雲抱幽石」

はくうんゆうせきをいだく

「白雲抱幽石」とは、唐の時代、僧が隠遁生活を過ごした様子を表した言葉です。青い空に浮かぶ白い雲、地面には苔の生えた巨石。雲は風に吹かれ浮かんでは消えていくが、巨石は長い年月ずっとそこに動かずにある。そして、のんびりと過ごす自分がいるという様を表現し、ひとりの時間を持つことの大切さを教えています。砂漠で暮らすさすらいのスパイクは、岩を集めて、丈夫な家を作ろうと決心します。いざ、作り始めてはみたものの、岩を積んで寝室ができたところで、のんびりと寝そべってひと休み。せわしない毎日に追いかけられていると、自分を見失ってしまうことがあります。そんなときは、スパイクのようにひとりきりになり、のんびりと自分を見つめる時間を持ちましょう。ひとりでカフェで過ごすなど、いつもの環境から距離を置き、ひと休みする。そうすることで、執着や悩みから解放され、気持ちがすっきりとすることもあります。

過ごす時間を持とう

石をいっぱい集めて、
すてきなしっかりし
たマイホームを作る
ことにしたよ

家はまず寝室からだ
ね…

石をいっぱい集めて、
すてきなしっかりした
マイホームを作ることにしたよ

何ものにもとらわれず、

禅 語

「孤雲本無心」

こうんもとむしん

ゆったりと流れゆく雲は、何のこだわりもなく形を変え、風の向く
ままに逆らわず、大空に浮かんでいます。人の心もこの雲と同じよ
うに自由自在に動いていくのが理想であると教えているのが「孤雲
本無心」。こだわりやいっときの損得勘定を抜きにして、心を解き
放ち、楽しむときは楽しむ。とらわれのない心で動いていくことが、
予期せぬ縁をもたらし、人生を豊かにしてくれるものです。偉ぶる
ことなく、相手を疑うことなく接し、腹の底から楽しむ。執着心を
捨て、窮屈な心を放り出し、雲のように自由にいることこそ、豊か
です。想像力にあふれるスヌーピーは、自由に空を飛ぶ鳥たちを眺
めながら「もし望めば犬だって飛べるんだ」と言います。"ウッド
ストック語"で何か客観的な的を射たことを言うウッドストックの
言葉を聞き入れるスヌーピー。こだわりすぎず、偉ぶることなく、
相手を受け入れ、ひょうひょうとしている二人に自由を感じます。

窮屈な心を放り出し自由に

1996.12.02

もし望めば犬だって飛べるんだ…

そのとおり…首輪が木にひっかかることがある…

どうして知ってるの？

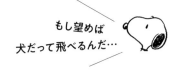

もし望めば
犬だって飛べるんだ…

スヌーピーと読む禅　～のんびりでいい～

無理して答えを

禅 語

———

「狗子仏性」

くしぶっしょう

———

禅の代表的な公案のひとつに、この「狗子仏性」があります。あるとき弟子の僧が 趙 州 禅師に「犬にも仏性があるか、それともないか」と尋ねました。趙州禅師は「無」と答えました。仏教では「すべてのものに仏性がある」としています。ですから、この答えは、表面だけ見れば正反対。しかし、これは「無い」ということではありません。かといって「有る」でもない。有無を超えたところにあるのが趙州禅師の答えの本意でしょう。有るか無いかを考えるから、判断がはたらく。そんな判断をすること自体がとらわれていることに他ならない。「判断など手放してしまいなさい」という教えと解釈することもできます。いくら考えてもわからないのだとしたら、いつまでも考えることに執着せず、すっと悟れる機会に巡り合うまで放っておく。それもひとつの方法です。無理して出した答えは、所詮、その程度のもの。ときに、わかるときが来るまで放っておくという選択も大切なのです。

出さなくていい

1967.11.22

あなたのどこが不愉快なのかわかって？

なんの責任もないあなたの生き方よ

わたし、それがほんとに不愉快なの！

誰にでも悩みの種はあるもんだよ！

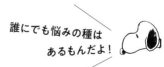

誰にでも悩みの種は
あるもんだよ！

まわりに振り回されること

禅 語

「動中静」

どうちゅうのじょう

日々の暮らしの中で、あれもこれもしなくてはと、気持ちが浮き立ち、気付けば慌ただしい日常を送ってしまっている。そしてまた次のことが生まれてきて、心まで騒がしくなってしまう。そんなときに思い出していただきたいのが「動中静」です。慌ただしい中でも、周囲の価値観に惑わされることなく「静かに安寧に」を心がけましょうという教えです。静寂の中でしか得られない心の静けさは、本当の静けさとは言えません。喧噪の中でも静さを得ることが、本当の境地を体得したことになる。スヌーピーのようなダイヤモンドの神経があれば、問題はないのかもしれませんが、静かでありたいと思っても周囲に影響され、心は簡単にざわついてしまうものです。そんなときには、ゆっくり呼吸をしてみましょう。禅には、周囲に惑わされない方法として坐禅があります。坐禅の際に重要なのは呼吸です。心がざわめいたときには、まずゆっくりと呼吸をしてみましょう。

なく、いつも心を冷静に

ポコン！

すばらしいパットだね！ どうすりゃできるんだ
い？

ダイヤモンドの神経さ！

ダイヤモンドの神経さ！

答えを急いて、くだらな

禅　語

「南泉斬猫」

なんせんざんびょう

禅には「公案」という修行僧が参究する課題があります。「南泉斬猫」は有名な公案です。中国の唐代、僧たちが猫の仏性について論議していたとき、それを見た師の南泉禅師は「何の騒ぎだ。適切な言葉が言えるなら猫を助けるが、そうでないならば切り捨てる」と叱りつけました。しかし、待っても誰も答えません。南泉禅師はついに猫を斬りました。その晩、一番弟子の趙州禅師が所用から戻り、この話を聞くと、履いていた草履を脱ぎ、黙って頭の上にのせて部屋を出ていきました。これを見た南泉禅師は「おまえがあの場にいれば猫が救えたものを」と嘆いたと言います。「公案」ゆえに、にわかに要領を得ず、何が正解かわかりにくいと思いますが、「南泉斬猫」が示し、南泉禅師がバッサリと斬ったのは、有るか無いか分別に興じる僧たちのくだらない議論でしょう。このコミックには、この「公案」に通じるものがあるように感じます。

い議論で道を間違えない

ありがとう…きみの言うようにやってみるよ

チャーリー・ブラウンがぼくに助言してくれたのさ…

理解できたの、その助言？
もちろんできたさ！

理解できるような助言は聞かないこと…ぜんぜん役に立たないに決まってるわ！

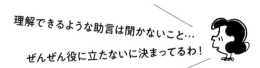

理解できるような助言は聞かないこと…
ぜんぜん役に立たないに決まってるわ！

落ち着いて、のんびり、

禅語

「且緩々」
しゃかんかん

問題があれば、すぐに解決したくなり、悩みがあれば、すぐに解消したくなる。現代に生きる私たちは、つい「すぐに」結果を求め、何事も早急に手に入れようとしがちです。「且緩々」の「且」は、とりあえず、しばらくの意。「緩」は、ゆるやか、のろいの意。早く悟りを開こうと矢継ぎ早に質問を繰り返す弟子をたしなめるように、師である僧が発したのがこの「且緩々」です。「まぁまぁ、焦らずに、のんびりやりましょう」と言われると、もしかしたら、それまでの自分の頑張りが否定されたように感じるかもしれません。しかし、その必要はありません。焦ることと、手を抜かずに取り組むことは違い、また、慌てることと、一生懸命なことは違うからです。走っていると見落とすものも、自分のペースで歩いていけば、見落とす心配はぐっと減ります。焦ってしまいそうになったら、いったん休憩するスヌーピーの姿と「且緩々」を思い出してみてください。

じっくりいきましょう

今日は2月の最初の日だ
2月?!

7月はどうしちゃったんだ？　時間はどこへ行くんだ？　追いつけないよ！

まだやらなきゃなんないたくさんのこと…行きたい場所…見たいもの…

グー

まだやらなきゃなんないたくさんのこと…行きたい場所…見たいもの…

文字だけでは、伝

禅 語

「不立文字」

ふりゅうもんじ

「不立文字」とは、本当に伝えたいことは決して文字では表せず、教えるべきものほど言葉の外にあるという禅の基本を表す言葉です。根本的な概念として、悟りは文字や言語で伝えられるものではなく、心から心への伝達、体験を通して感じたことによって伝えられる。そのことこそ真髄であるという考え方があります。教える側がすべて教えるというものではなく、教わる側の受け止め方も大切とされており、体験をすることで自分で見つけ出すことができたときにしか「真の教え」は伝わらないという考え方です。また、いい教え方というのは、受け取る側が想像できる「余白」を残しておくことでもあります。何かを得ようと読書に集中するルーシー。その姿を見てスヌーピーは、ルーシーの頬に口づけをします。本がすべてじゃないよ！　と。スキンシップという体験を通し、ルーシーが受けた刺激が、コミックでは表情に表れているようです。

わらないことがある

1970.11.28

チュッ！

本がすべてじゃないよ！

本がすべてじゃないよ！

「沈黙」も大切なコミュ

馬は比較的訓練しやすいんです…ラバはロバより訓練しやすくて…ロバを訓練するのは辛抱が要ります…ラバはロバと馬の間に生まれる子ですが…

禅 語

———

「黙」

もく

———

いつも会話が必要だなんて思わなくたっていいのよ

ニケーションのひとつ

いつも会話が必要だなんて思わなくたっていいのよ、マーシー…

沈黙に耐えられず、あれこれと意味のない言葉を発するマーシーに、ペパーミント パティは「いつも会話が必要だなんて思わなくたっていい」と言います。静かに木にもたれかかって過ごす時間こそが贅沢なのだから、それを満喫しましょうよ、とばかりに。禅では、あえて言葉に、会話に「余白」を作ることをよしとします。言葉にならない思いが人にはあるもの。そして会話では、「余白」を作ることで、相手の考えや思いが入り込む隙間を用意してあげることができます。一方的に言いたいことだけをしゃべれば伝わるわけではありません。言うと伝わるは別のもの。「黙」することで、会話の中に、何もない空間を作ることができます。自分が作った余白に相手が何を感じてくれるのか。相手が用意した余白に、自分は何を感じ取れるのか。話し下手でも誠意は伝えられる。うまく言葉にできなくてもいい。禅語の「黙」は、それを教えてくれます。

すべてから解き放たれ

禅 語

「休息万事」

ばんじをきゅうそくす

成果主義の社会に身を置くと「生産性」というものさしで物事や人を測ろうとしますが、24時間365日それに追い立てられれば、体だけでなく心も壊れてしまいます。また人付き合いは大切なものですが、家族、学校、会社、地域……と、複雑な人間関係に巻き込まれてしまうと、しがらみで心が窮屈になってしまいます。「休息万事」は、あれやこれや思い煩う心の活動を休みなさいという道元禅師の教えです。現代は、ストレスが多い時代です。残業をせずに早く帰るように言われたかと思えば、一方では結果を出せと発破をかけられたり……。そんな日々を送っていれば、誰だって疲れてしまいます。「素晴らしい明日に備えて、たっぷり休む必要があるんだ」とスヌーピーは犬小屋の上で寝ますが、たまにはこのスヌーピーをお手本にしてみましょう。ただ、体を休めるのではありません。安心できる場所で、しがらみから離れて、真実の休息をするのです。

た休息の時間を持つ

また寝てる

そんなに休む必要なんてあるのかしらね

すばらしい明日に備えて、たっぷり休む必要があるんだ…

おそらく大した日じゃないだろうけど、もしものときでも準備万端さ！

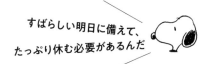

すばらしい明日に備えて、たっぷり休む必要があるんだ

何事も自分で経験して体感

禅語

「冷暖自知」

れいだんじち

器に入っている水は、見ているだけでは「冷たい」のか「暖かい」のかを知ることはできません。実際に自分で飲んでみて、もしくは自分の手を器に入れてみて、初めてそれがどのくらい暖かいのか、冷たいのかがわかります。それが「冷暖自知」で、悟りというのは、教えられるものではなく、自分で感得するものだという意味です。情報があふれている今、スマホ片手に、いくらでも知識を得たような気分になることはできるでしょう。しかし、情報を収集したからといって、本当にわかっているかどうかは別のこと。実践する中で経験を積み重ね、体感することで自分にとって何が正しいのかを判断でき、行動ができるようになるものです。街へ行くことを楽しみにしていたスヌーピー。レストランを予約し、ネクタイを新調し、自分でしっかり準備をしたのですが、帽子だけウッドストックが注文……少し小さすぎたようです。まずは、自分で経験、実践することが大切ということです。

して、初めてわかるもの

もし何かをちゃんとやりたいんなら、自分でやるべきだよ！

今夜、町ですごすのを楽しみにしてたんだ…

夕食の予約も自分でしたし、新しい蝶ネクタイだって買った…

でも帽子をウッドストックに注文させるべきじゃなかったよ！

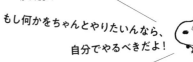

もし何かをちゃんとやりたいんなら、自分でやるべきだよ！

学校に卒業はあっても

AFTER I GRADUATE FROM SCHOOL, WILL I BE A BETTER PERSON?

PROBABLY.. A GO[O] EDUCATION IS VERY IMPORTANT

わたし、卒業したら、よりよい人間になってるかしら？

たぶんね…
よい教育はとても大切だ

禅　語

「白珪尚可磨」

はっけいなおみがくべし

人間を向上させる…

学ぶことはいつだって

「学び」に卒業はない

1993.09.07

> AT'S RIGHT..LEARNING ALWAYS MAKES YOU BETTER PERSON..
>
> UNLESS YOU DON'T HAVE A DOG..

そうさ…学ぶことはいつだって人間を向上させるよ…　　　　　もし犬さえ飼ってりゃね…

「白珪」とは、白く完璧な玉のことです。この禅語は、その完璧な玉であって
も磨き続けなさいと言っています。言い換えれば、これ以上ないという悟りを
得たとしても、それに慢心することなく、さらに精進しなさいという教えです。
学校に入学すれば、いずれ卒業を迎えます。しかし、学ぶということに卒業は
ありません。自己の人格を磨き、豊かな人生を送ることができるように、生涯
にわたって、あらゆる機会にあらゆる場所において学び続ける。「もう磨きよう
がない」と思ったとしても、さらに磨く。その努力や姿勢が何よりも大切なの
です。これでいいと思ったら、その時点で終わりです。ライナスが語る「学ぶ
ことはいつだって人間を向上させる」のセリフは、まさに「白珪尚可磨」。長い
人生、ずっと同じ速さで走り続ける必要はありません。ときにゆっくり、ときに
休憩しながらでもいい。自分の歩みの速さで一歩、一歩、歩んでいきましょう。

素直な心さえあれば

禅 語

「歩歩是道場」

ほほこれどうじょう

小説を書くことをあきらめないスヌーピーは、その自分の姿を投影するようなフレーズをタイプライターで打ち込みます。禅語の「歩歩是道場」は、読んで字の如し、素直な心さえあればどこでも道場であることを説いています。「修行」と聞くと、どこかへ出向いて行くことのように思う方もいるかもしれません。しかし、禅では、修行は道場だけでするものではなく、日々の暮らしの、そのすべてが道場であり、言動のすべてが修行であると考えます。環境や場所のせいにして、自分に不利だと言い訳をして、夢をあきらめてしまう人もいるでしょう。しかし、スヌーピーは、小説家になることを決してあきらめません。犬小屋の上でタイプライターを打ち続けるスヌーピーの姿は、「歩歩是道場」を感じさせるものです。なすことひとつひとつが修行だと気付き、無心に打ち込めば、どんな状況であっても、夢に近づいたり、自分を磨いたりしていくことはできるはずです。

どこでも学びの場

1996.10.25

「わたしもいまでは老犬だ」と彼は言った、「もう子犬じゃない」

「だがまだわたしの人生は終わってない。行くべき場所、なすべきこと、学ぶべきことがいっぱいだ！」

そこで彼は老犬訓練学校に入学した。

行くべき場所、なすべきこと、学ぶべきことがいっぱいだ！

善き行いは豊かな時

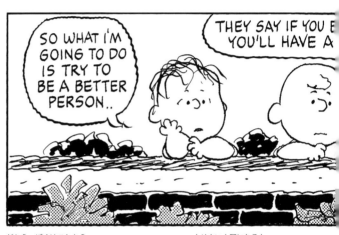

だから、ぼくはこれから
よりよい人間になるよう努めるつもりだ…

よりよい人間になると、
よりよい人生を送れるって言うね…

禅 語

「善因善果」

ぜんいんぜんか

よりよい人間になると、よりよい人生を送れるって言うね…

間につながっていく

よりよい犬になるよう努めると、クッキーひとつおまけにもらえることもある…

物事には原因があり、結果があります。その原因となるものが「因」で、そこへ外からの間接的な「縁」がやってきて、「因」と結びつくことで「因縁」となります。そして、そこから結果が生まれます。私たちがこの世に生まれてきたのは、長い年月にわたって無数の因縁が結ばれてきた結果であり、今、私たちが生きているのも誰かに生かされ、誰かを生かして、因縁の世界にいるからです。私たちのまわりには、常にたくさんの縁が流れています。大切なことはそれに気付き、自分の手でつかみ取れるかどうかです。よい縁を見極めるには、自分が善因を行っているかどうかで、おのずと結果がわかります。縁は風のように誰のところにも平等に吹いてくるものですが、そのことに気付くことのできるあなたであるかどうか。よい行いをして、何に対してもよい縁を結ぼうと心がけていれば、その積み重ねで、幸せな人生を歩んでいくことができるのです。

自分と確固たる拠り所を

禅 語

「自灯明　法灯明」

じとうみょう　ほうとうみょう

お釈迦さまが入滅される際、「師が亡くなった後に拠り所はどうしたらよいでしょう」と尋ねる弟子の阿難尊者に、お釈迦さまは「自らを灯りとせよ、法を灯りとせよ」と授けました。これが「自灯明　法灯明」です。常に「自分」というものを主体に置き、誰かの言葉に左右されることなく、これまで積み重ねてきたことを信じ、時代を超えても変わらぬ正しい教えを拠り所としなさい。そうすることで、心は安心できるものです、という意味。姉のルーシーは、安心毛布がないと不安になってしまう弟のライナスに、安心毛布を手放し、いつかは自分ひとりで人生に立ち向かっていかなくてはいけないと激励しています。これは「自灯明」を諭していると言えるでしょう。何かを拠り所にしていると、それを失ったときに、自我が崩れてしまいます。自分を灯として、信じて生き、自信を失ったときは、これまで積み重ねてきたことを信じ、拠り所にして進めばいいのです。

頼りにして生きていく

いつかはその毛布をやめなきゃならないのよ

いつかは自分の2本の足で立たねばならなくなる…

いつかは大きくなって誰の助けも借りずに人生と対峙しなければならないのよ…

いつかはね

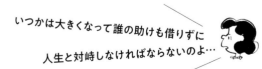

いつかは大きくなって誰の助けも借りずに

人生と対峙しなければならないのよ…

苦難は、人を

禅　語

「鳥啼山更幽」

とりないてやまさらにしずかなり

―――

「鳥啼山更幽」は、深山で鳥がひと声鳴いて飛び去った後、深い静寂感に包まれる情景を表した言葉です。静かに消えていく鳥の声は、深山の静寂を一層引き立てる。私たちの人生も同じこと。何も起こらない平穏な日々の中、その静けさを打ち破る「何か」が起こることで、元の静けさがより深く感じられるようになる。まるで人生の苦難を表しているようです。静かな毎日はありがたいものですが、深みのある人間に成長するためには、ときに困難や悲しみを経験することも必要なのかもしれません。野球の試合で大失敗をしたチャーリー・ブラウンは、人生には苦い薬を飲まなくちゃいけないときもある、とアドバイスを受けます。苦難を乗り越えることで、物事の大局を見られるようになるなど、人は成長するものです。また、苦難があることで、平穏な日常への愛おしさも増すことでしょう。嫌なことや辛いことがあっても、受け入れて前向きに生きていきたいものです。

深める材料

ぼくのただひとつの望みはヒーローになることだった…

でもヒーローになったことがあるか？　ない！　ぼくはこれまでマヌケなやぎにばかりなってる！

がっかりするなよ、チャーリー・ブラウン…この人生には、のまなきゃならない苦い薬もあるもんだ…

もしかまわなければ、ぼくもう調剤してほしくないけど！

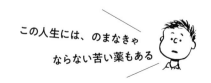

この人生には、のまなきゃならない苦い薬もある

105

あなたの人生の主

禅 語

「随所作主　立処皆真実」

ずいしょにしゅとなれば　りっしょみなしんなり

「随処作主」は、いついかなるところでも主となる自分自身が主人公であることを見失わないという意味で、「立処皆真実」は、すなわちすべては真実であるという意味があります。いついかなるときも主体性を見失わず、最善を尽くしたならば、どんな状況にも振り回されることなく生きていくことができるということです。辛い状況や困難にぶつかったときも、あなたが主体として動けば、そこに意味が見つかるという教えです。負け続けている弱小野球チームのマネージャーを務めるチャーリー・ブラウンですが、どんなに負けても、あきらめません。「ぼくの人生だ！」と言うほど大好きな野球。新たなシーズンに突入し、自らを船長だと言って主人公とし、奮起させます。チャーリー・ブラウンのように、どんなときも、どんな状況に置かれようとも、自分が主体となって一生懸命に取り組めば、そこに生きがいを感じ、充実した日々を送ることができるのではないでしょうか。

人公は、あなた

新しい野球シーズンだ！ こここそぼく
の場所だ！ これこそぼくの人生だ！

船の船長さながらぼくはここに
立つ！

何ものもこの船を沈める
ことはできない、ただ…

ハイ、監督！ わたし、バッチリよ！

…氷山の他は！

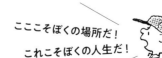

こここそぼくの場所だ！

これこそぼくの人生だ！

チャンスは誰のもと

禅 語

「誰家無明月清風」

たがいえにかめいげつせいふうなからん

月は、どこの家にも光を落とします。風は、この家に吹き、この家には吹かないなどということはありません。明月も清風もあまねく照らし、そして吹くものであるという意味の「誰家無明月清風」。貧富を問わず、誰の家にも月は光り、清らかな風は吹いてくる。同じようにチャンスは誰にでも平等にやってくるという教えです。雨の中を歩くピーナッツの仲間たち。雨は、丘にも谷にも、街にも野原にも、正しい人にも不正な人にも、そしてスヌーピーの顔の上にも、平等に降り注ぎます。チャンスは平等にみなにやってくるのです。ただ、そのチャンスをしっかりつかまえる準備をしているか否かで、結果は左右されます。日頃の努力が大切になってくるのです。あの人は悪い人なのに、運だけはよい。そんな風に批判したり、妬んだりしていては、何事も始まりません。他人を羨む前に、まず自分ができることに取り組んでみることを最優先させましょう。

にも平等に訪れる

雨は丘にも谷にも降る

街にも野原にも降る

雨は正しい者にも不正な者にも降る

ぼくの顔にもね！

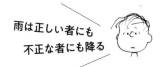

雨は正しい者にも
不正な者にも降る

欲を小さく留めておけば、

禅　語

———

「知足（小欲知足）」

ちそく（しょうよくちそく）

———

「知足（小欲知足）」とは、文字通り、欲を少なくして足るを知るという禅の戒めの言葉です。たとえ貧しくても足ることを知っている人は心安らかでいられますが、足ることを知らなければ、どれほど豊かでも心は貧しいということです。欲というのは、尽きぬもの。せっかく購入したのに使われないでいるものはありませんか？　きっとそれは必要だからではなく、「欲」で手に入れたモノです。欲しいモノを手に入れてもそれだけで満足できず、すぐにまた次のモノが欲しくなってしまう。もっともっとと執着心がどんどん膨らんでしまっているのです。まずは、自分自身を見失わず「本来の自分」はどう感じているのかに、思いを馳せてみてください。そして、ほどほどを知って、少しの欲と調和すれば、「今あるもので十分だ」と思い至り、幸福感を得られるはずです。スヌーピーをぎゅっと抱きしめ、その温もりに幸せを感じるルーシー。心豊かなシーンです。

今の暮らしに感謝できる

1960.04.25

ナデ ナデ ナデ

ムムムムム！

しあわせはあったかい子犬…

しあわせは
あったかい子犬…

111

分かち合える友が

禅 語

「一箇半箇」

いっこはんこ

「SNSで情報を拡散！」というようなフレーズを見聞きすることがありますが「一箇半箇」の教えは、この真逆かもしれません。この禅語は、曹洞宗の宗祖である道元禅師が天童如浄禅師から教示された言葉です。数の問題ではなく、極めて少数希少で、得難い人物のことを指しています。誰かれ構わず多くの人に伝えるのではなく、たとえ一人でもいいから正しく伝える。コミュニケーションツールが多様化する現代では、「いいね」の多さに一喜一憂することがあるかもしれませんが、「一箇半箇」に立ち戻れば、無理をしてまで人間関係を広げる必要がないことに気付けるはずです。多くの友人を持つより、本当に思いやれる友人が一人でも二人でもいれば、十分。意図しない内容が広がってしまうのならば、少なくても正しく伝わることのほうが重要。ライナスが大切にしている毛布の半分をチャーリー・ブラウンに渡すこのコミックの場合は、まさにそれを表しているようです。

一人でもいれば幸せ

毛布にある点線はなんなの、ライナス？

ビリ！

しあわせは分かち合うもの！

しあわせは
分かち合うもの！

頑張らない自分

禅 語

「無限清風」

むげんのせいふう

「無限清風」とは、一切の制限をなくし、ただ清らかな風のみを感じれば、心は解き放たれるという意味です。いつでも心を開き、今ここにいる自分、今ここにある世界をしっかりと見つめることが大切であると教えています。ペパーミント パティと親友のマーシー。ペパーミント パティは運動神経抜群だけれど勉強は苦手、マーシーは運動音痴だけれど優等生と、正反対の存在ではありますが、強い絆があります。ある日マーシーは、ペパーミント パティに外出しようと誘われます。バイオリンの練習があるマーシーは、一度は断りますが、「やりすぎると頭がもげる」と言われ、出かけることにします。出かけた二人が何をするかというと、ただ木の下でリラックス。物事が円滑に進まなくても、何かにとらわれて忙しくなってしまっても、どこかに、心安らげる場所を持ちましょう。心の窓を開けば、きっと清らかな風を感じられるはずです。

を許して癒す

いいえ、出かけられないんです、先輩…バイオリンの練習しなきゃならなくて…

あなたやりすぎよ、マーシー…いまに頭がもげちゃうわよ…

そうかもしれません…しばらく外へ出ます…

ね？　ときどきリラックスすれば、頭はもげないわ…

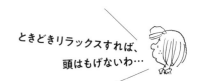

ときどきリラックスすれば、
頭はもげないわ…

目の前にある景色は

禅 語

「聴雨寒更盡　開門落葉多」

あめをきいてかんこうつく　もんをひらけばらくようおおし

雨が降りしきる寒い夜更けが過ぎて、朝を迎え、門を開けると辺り一面に葉が落ちている様子を表す「聴雨寒更盡　開門落葉多」。夜もすがら雨の音だと思って聴いていたのは、雨の音ではなくて、屋根を打つ落葉の音であった。そうした幽寂閑居な目の前の風景を詠んだ禅語です。雨の音、肌寒い心地、秋の林の匂い、ひんやりとした門の触り心地、目に飛び込んでくる落葉。何気ない秋の日常も、その場に身を置いていたなら、五感に鮮やかさを感じることでしょう。それこそが人生であり、諸行無常。どんな人生もそれぞれに美しい彩りがあります。木から落ちてくる葉を座り込んで眺めているスヌーピーに、そんなことをするのは、マヌケだわと言うルーシー。そう言うのならばと、ちょっと向きを変えてみるものの、結局、落ち葉が観察できる視点に戻すスヌーピー。そして、改めて落ち葉を見て「幸せだなあ」とスヌーピーは微笑み、つぶやくのです。

実はとても鮮やか

1963.10.07

座り込んで葉っぱが木から落ちるの眺めてるなんて
ほんとにマヌケね！

幸せだなあ

幸せだなあ

手仕事は、傷んだ心を

禅 語

「身心」

しんじん

気がかりなことがあると、つい人は、そのことばかり考えてしまいます。また、何か頭にくる出来事があるとイライラして、その日一日を無駄にしてしまったり……。悩みを消そう、消そうとしても悩みが消えることはありません。イライラを抑えようと念じたところで、かえってイライラしてしまいます。では、どのようにしたらいいのでしょう。禅では、心を整えるために、まず身を整えます。坐禅は、その代表的な作法のひとつです。身支度を整え、姿勢を整え、呼吸を整えて坐ります。イライラを消そうとイライラに執着すれば、余計にイライラを意識する結果を招いてしまう。それを断ち切るために、禅では、イライラとやり取りを交わすこと自体をやめるのです。自分が悩みを抱えていることに気付き、粛々と手を動かすライナスは、「身心」の心得をきっと身体でわかっているのでしょう。心という目に見えないものを整えたいのならば、まず意識を向けるべきは身です。

優しく癒してくれるもの

手仕事はいい精神療法だよ

心を悩みからそらしてくれる…

憂鬱なときにはいつも砂の城を作るんだ…

近ごろとても気が滅入るんだ！

手仕事は
いい精神療法だよ

見返りを期待せず、惜しみ

禅 語

「日照昼　月照夜」

にっしょうちゅう　げっしょうや

意識もしない日常の「日は昼を照らし、月は夜を照らす」という当たり前の言葉ではありますが、太陽も月も、どんなときも私たちを照らしてくれていることを教えてくれます。昼夜があり、毎日毎日、一刻も休むことなく繰り返される自然の法則のもとに私たちは生かされている。太陽の光も、月の輝きも、私たちに何の見返りを求めることなく、惜しみなく注ぎ続けてくれている。このように当たり前のものとして享受しているものを考えてみることに、この言葉の意義があるのではないでしょうか。当たり前だと安易に受け流すのではなく、当たり前こそありがたいことなのだと思える。ただお日さまの暖かさを背中に感じ、幸せな笑顔を浮かべるライナス。姉のルーシーも同じように背中に太陽の暖かさを感じ、微笑みます。こんな当たり前で、ささやかなことに幸せを感じ、感謝できたときに「日は昼を照らし、月は夜を照らす」の精神が真にわかるのかもしれません。

なく注ぐ太陽や月のように

じっとして、背中にお日さまの暖かさを感じるんだ
…

いい気持ちでしょ？

しかも無料だし

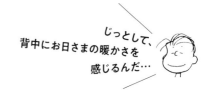

じっとして、
背中にお日さまの暖かさを
感じるんだ…

121

ともに手を取

禅 語

「把手共行」

はしゅきょうこう

「把手共行」とは、手を取ってともに行くという意味の禅語です。悟りをひらけば、誰でもお釈迦さまと同じレベルになることができ、同志として手を取り歩むことができると教えています。世の寒風にさらされると、どうしても孤独に感じたり、自分の味方が誰一人いないように感じることがあるでしょう。しかし、あなたの中には清らかな心を持つもう一人の自分がいます。そして、心の中にはあなたを支えてくれる人がいます。それは家族であり、友人であり、あるいはすでにこの世からいなくなった人かもしれません。辛いとき、苦しいとき、挫けそうになったときは、この声に耳をすませてみてください。自分の心の中にいるもう一人の自分、自分の心の中で支えてくれている人と、ともに手を取り合う。そうすれば、おのずと心は強くなります。チャーリー・ブラウンに犬が好きと言われたスヌーピー。その言葉にスヌーピーは、同志を見出したのかもしれません。

り生きていく

1959.01.19

ちょっと犬を褒めただけなのに、それからずっとくっついてくるんだ…

本気で言ったの？
もちろん…ぼくは本当に犬が好きなんだ…

いまぼくの腕にぎゅっと力をこめてくれたよ…

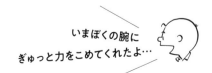

いまぼくの腕に
ぎゅっと力をこめてくれたよ…

悪いと思ったら、素

禅 語

「身心一如」

しんじんいちにょ

チャーリー・ブラウンを傷つけたことに、後悔の思いを抱えているペパーミント パティに、マーシーは、ただちにあやまるように、と諭します。「身心一如」は、体と心は一体であることを意味する、とてもシンプルな言葉です。心で決めれば行動もついてくることを示し、行動すれば心がついてくることを表しています。どんな間柄でも、ちょっとした気持ちの行き違いから、関係がこじれてしまうことがあります。自分が悪いと気付いていても、なかなか素直に謝れないときもあるかもしれません。しかし、それでは、いつまでも後ろめたさを引きずってしまいます。謝ることを先延ばしにしたら、後ろめたさは雪だるま式に膨らんでいってしまうでしょう。私たちは、ペパーミント パティのように、心の動きと体の動きを分けてしまいがちですが、悪いと思ったら「ごめんなさい」と即、相手に伝えましょう。それがお互いの関係をよりよい展開に運んでくれる一助となるはずです。

直に謝るのが一番！

1971.10.13

ちょっと先輩！　入っていいですか？

「ちょっと先輩」？　なんて言い方よ？「先輩」って呼ぶのはよしてよ
わたし、チャックの様子を見てきたところなんです…とても傷ついて…ベッドにもぐりこんでます…

わたしもよ…どんなに彼の気持ちを傷つけたかと思うと、死にたいわ…みじめな気持ちよ…ほんとに彼を傷つけちゃった…

応急処置の授業で習ったんですけど、もし誰かを傷つけたら、一番いい治療法は、ただちにあやまることです…

誰かを傷つけたら、一番いい
治療法は、ただちにあやまることです…

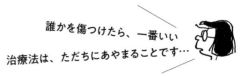

1993.07.08

うん、そうだね…
海図にない海を帆走す
るには勇気が要るね…

逆風張帆

ぎゃくふうにほをはる

海図にない海を帆走するには勇気が要る

向かい風が吹いたときにあえて帆を張り、船を前進させていく情景から、逆境に耐え、前に突き進もうと努力することで、道が開けるという意味の「逆風張帆」。あえて逆風に帆を張るのは至難の技かもしれません。しかし、この心境をもってすれば物事は好転していくでしょう。人生には逆風が吹くこともあります。逃げようとしても逃げ切れず、正面からぶつかることもできない困難に遭遇したときこそ、逆風を巧みに操りたいものです。

無言で語る禅

敬う心で生まれる

6-1

禅 語

―――

「和敬清寂」

わけいせいじゃく

―――

温かい人間関係

1998.06.01

コミュニケーション術、恋愛術、トーク術など、世の中にはテクニックがあふれていますが、それだけを使い、人間関係を本当によくすることは難しいかもしれません。大切なのは、相手を敬う心ではないでしょうか。そこに存在する人々に敬意をもって接する。いくら会話がうまくても、相手を喜ばせるテクニックがあっても、そこにお互いを敬う気持ちがなければ、温かい関係は生まれません。「和敬清寂」とは、茶道の精神も表す禅語で、主人と賓客がお互い心を和らげ慎み敬い、茶室や茶器、茶会の雰囲気を清浄な状態に保つことを意味します。スヌーピーとウッドストックのように、同じ時間や空間を共有する人の、ありのままを尊重することで、リラックスしたよい関係性と雰囲気を保てるものなのでしょう。

損得勘定ではなく、いい縁

禅　語

「無功徳」

むくどく

を結べば、いいことがある

「無功徳」は、ダルマさんの愛称で親しまれる達磨大師の話から生まれた禅語です。梁の武帝が「仏教にこれほどまでに貢献した人はいないだろう。どれほど多くの功徳があるのだろうか？」と達磨大師に聞いたところ、「無功徳（功徳など無い）」と答えたのです。信仰というものは心の拠り所であって重さや大きさを測るものではありません。いい縁を結んでいれば、いいことがあります。見返りを求めると、頑張っているのに認めてもらえないなどという感情が湧き、落ち込んでしまうこともあるかもしれません。モノや言葉の受け渡しは、あげたらそれでおしまい。お返しが来たら、それはそれでありがたい。そのように思うといいでしょう。傾き倒れそうな雪だるまに黙ってそっとステッキを添えるライナスのように。

心の持ちようで

禅 語

「壺中日月長」

こちゅうにちげつながし

風景は変わる

「壺中日月長」とは、心のあり方次第で、壺の中のような小さな世界で
もゆったりとした穏やかな時間を過ごすことができる、という意味の禅
語です。この考え方を日常生活に生かしてみましょう。大変な仕事や勉
強も、終わったときのことを考えれば、前向きに取り組めるようになる
はずです。また学校や職場に、もし苦手な人がいたとしても、他人は他
人と割り切れば、あなたがやるべきことに集中することができるはずで
す。辛いことも楽しいことも、すべては心のなせる技と考えることで、人
生をより豊かにできるのかもしれません。最後まで残った一枚の葉を見
つめるスヌーピーとウッドストックとその仲間たち。下から眺める同じ一
枚の葉でも、それぞれの目には違った景色として映っていることでしょう。

人と出逢うことか

禅 語

——

「我逢人」

がほうじん

——

ら、すべてが始まる

人と人とが出会うことの尊さを三文字で表した禅語が「我逢人」です。たった三文字の言葉ではありますが、奥深さを感じます。たとえ偶然だったとしても、出逢うことは「何か」を生みます。道元禅師は、中国で念願の天童如浄禅師と出逢ったときに「まのあたり先師を見る。これ人に逢ふなり」という言葉を遺しました。自分ひとりで考えているのではわからないこと、ひとりではできないことがあります。出逢った人は、自分とは異なる「何か」を持って生きています。スヌーピーとウッドストックも出会ったことが始まりとなり、影響し合い、信頼が生まれ、成長し、かけがえのない存在となっていきます。出逢いは自分を成長させる種。人と出逢うこと、人との出逢いの場を大切にしていきましょう。

自由な心で、素

禅 語

「也太奇」

やたいき

直に感動する

「也太奇」とは、何かを目にしたり、何かが起こったときに思わず口から
出てしまう感嘆符のようなものです。年を重ねると、経験を重ねることで、
何を見てもどこかで見たような気がしたり、どこかへ出かけても初めて
ではないような気分になることもあるでしょう。しかし、柔軟な心があれ
ば、スヌーピーやチャーリー・ブラウンのように落ち葉の山へダイブする
という、人によってはたわいもないと感じることも楽しみ、感動すること
ができる。心を動かすことを億劫がっていたら、情緒がなく底の浅い人
生になってしまいます。病や事故により体が思うように動かない方もいら
っしゃるかもしれません。しかし心は自由に動かせます。面倒がらずに
素直に心を動かすこと。この禅語はそのような教えも含んでいる気がします。

Part 2 無言で語る禅

いいことも悪いことも両方

禅 語

「災難に逢う時節は災難に逢うがよく候」

さいなんにあうじせつは
さいなんにあうがよくそうろう

138

あるから、人生は面白い

頭に花を飾ったスヌーピーはまさか濡れるとは思っておらず、女の子も花に水を与えようとしただけ。それでもスヌーピーはびしょ濡れです。災いを願う人などいません。しかし地震や台風など、圧倒的な自然の力を前にしたとき、また個人の努力では避けようがない病魔に襲われたとき、意思とは関係のない結果になることはあります。後悔したところで状況は変わらない。だとしたら、経験歴として自分にきちんと迎え入れるしかありません。1828年の新潟三条の大地震で子どもを亡くした俳人・山田杜皋（とこう）に、禅僧の良寛さんが送ったこの言葉。初登場のコミックで災難に遭ってしまったスヌーピーですが、その後、何十年と続くピーナッツを読めば、スヌーピーに良寛さんの言葉が宿っているようにさえ感じます。

失敗は生きている証拠。気

禅 語

———

「割鏡不照」

かっきょうふしょう

———

持ちを切り替え学びの機会に

1996.08.09

「割鏡不照」とは、割れてしまった鏡はもう照らすことはないという意味。一度割れてしまった鏡は、どのようなことをしても元へと戻りませんが、反省したら、心をすぐに今なすべきことに集中させる大事さを説いている禅語です。対人関係においても、後悔してしまうようなことをしてしまったという経験はどなたにもあるのではないでしょうか。くよくよ悩んでしまいますが、なかったことにすることはできません。失敗したら、一度はきちんとその原因を自分で把握し、反省しましょう。その上で、サッと気分を切り替えるのです。学習をすることで失敗は生かせます。ボールと間違え、思わずアイスクリームを投げてしまうリランのごとく、過去を変えることはできませんが、学びがあれば、未来は変えられるものなのです。

目に見えない香りのごとく

禅 語

「薫習」

くんじゅう

知らず知らずに染みつくもの

香りというのは不思議なもので、目には見えないのに、感じることはできます。衣替えのとき、防虫香と一緒に畳紙に衣類を保管すると、長期間、一緒に置くことで衣類に防虫香の香りがつきます。人も同じ。いつもそばにいる人の影響を受けるものです。これを薫習と言います。スヌーピーはシュローダーと過ごすうちにピアノを弾くようになる。「学ぶ」とは「まねる」が語源と言われますが、一日まねをすれば一日のまね、二日まねをすれば二日のまね。しかし三年やれば身について、一生やれば、それは本物。知らず知らずに、そばにいる人の影響を受けるのであれば、自分が尊敬できる人のそばにいるのがいい。スヌーピーがピアノに興味を持ったように、その人の経験が自分の中にしっとりと浸透していくでしょう。

人生にどのような風が

禅　語

「八風吹不動」

はっぷうふけどもどうぜず

吹こうとも動じない

1993.04.28

人のまわりには、さまざまな風が吹きます。ここで言う八風とは、順調（利）、意に反する（衰）、人を悪く言う（毀）、褒める（誉）、讃える（称）、人の欠点を見つけて悪く言う（譏）、心身を悩ます（苦）、心身を喜ばす（楽）の八つ。この風の中で生きていくのが人生です。自身に降りかかったことに一喜一憂したり、動揺することもあるでしょう。でも、振り回され続けると、心身ともに疲弊します。どのような人にも、さまざまな風は吹きます。避けられないこともあります。だからこそ、風に吹かれたときに、振り回されるのではなく、風を楽しむ。ずっと同じ風は吹きません。そよ風、寒風、暖かな風……。風のかわし方、楽しみ方を身につけていただければスヌーピーのように人生がもっと豊かになるでしょう。

曇ったり、晴れたりする

禅 語

「雨収山岳青」

あめおさまりてさんがくあおし

心の天気は、自分次第

雨が上がると、そこには青々とした山が現れる。直訳すれば、とても単純な禅語です。しかし、どのように解釈するかで、この禅語の教えの奥深さは変わってきます。日々、生活を営む中で、ときに先が見えなくなることもあるでしょう。足元さえ見えない激しい雨に遭遇し、心身ともに冷えてしまうこともあるかもしれません。しかし、雨が去れば、おのずと真実が見えてくるものです。晴れていようが、雲が立ち込めていようが、そこに山があることに変わりはないのです。異なるのは、天候次第で見え方が違うことだけ。空模様は、人の心の持ちようと言えるでしょう。雨はいずれ止みます。スヌーピーとウッドストックの会話のないこのコミックは、それを端的に教えてくれているようではありませんか。

Column 2

1972.12.01

「与える」だよ！
ただひとつのほ
んとの喜びは「与
える」ことだ！

自未得度先度他

じみとくどせんどた

「与える」だよ！　ただひとつのほんとの
喜びは「与える」ことだ！

自らをおいて他を先に。自分が悟りを得て救われる前に、まず他の人々
が救われるようにする禅の行いを端的に示した言葉。自分さえよければ
と我先に何かを手に入れたとき、あなたは本当に満足でしょうか？　本
当の喜びとは、自分のために何かをすることではありません。自分が他
者のために何かをし、その他者が喜ぶ姿を見ることこそが幸せを感じる
瞬間です。自分の喜びよりも、まずは大切な人を喜びに導いてあげるこ
と。自分本位の考え方やわがままの中には、幸せの種はありません。

148

禅の心を持つ
ピーナッツキャラクターたち

いつきみはひげが生えるの

丸い頭の子

ぼくらがみんな

ゲート・ボールしかしなくなっても

きみは相変わらず野球に夢中

ジャンパーのポケットに手をつっこんで

不死なる敗北を嘆きつつ歩むきみの姿に

スーパーマンは顔を赤らめ

ハムレットは顔をそむける

詩／谷川俊太郎

信念と覚悟を併せ

禅 語

「不退転」

ふたいてん

全試合出場するも負け続ける世界最弱小の野球チームのマネージャーであるチャーリー・ブラウンは、全く勝ち目がなくても決してあきらめません。どんなに辛い目に遭っても、信念を曲げないチャーリー・ブラウンこそ「不退転」。「不退転」という禅語は、一度悟ったら迷いの世界には戻らないこと、そして固い信念を持つことの必要性を含んでいます。人生の中で、誰にでも辛く不幸な時間はやってくるでしょう。しかし一時的には絶望感に襲われたとしても生きていかなくてはなりません。前を向いて歩いていくしかないのです。どんなに悩もうが苦しかろうが、それを変えることはできません。自分自身の心を変えていくしかないのです。愛すべき敗者と言われていますが、実は元に戻らないという信念と、元には戻れないという覚悟、この両方を感じさせてくれるチャーリー・ブラウンは、信念と覚悟を併せ持つ、妥協しないヒーローとして人々を魅了しているのです。

持つ、愛すべき敗者

Charlie Brown
チャーリー・ブラウン

1983.08.22

さあ、みんな、この試合は勝てるぞ！

ひとつになってやればいいんだ…みんながひとつになればできる！

できるんだ、みんな！　ぼくにはわかってる！

わたしたちまたきっと旗色が悪いのね

タイプライターが打てるくせに

きみはドッグ・フードを食べるとき

フォークもスプーンも使おうとしない

そんなきみがぼくは好きさ

「世界的に有名な」

自分にちっとも気づかず

いまだにきみは

「世界的に有名な」外科医を

撃墜王を　ゴルフ選手を夢見つづける

そんなきみがぼくは好きさ

詩／谷川俊太郎

Snoopy
スヌーピー

流れに身を任せてみれ

禅語

―――

「行雲流水」

こううんりゅうすい

―――

想像力があり、とても自信家で、変装上手。いつになっても飼い主であるチャーリー・ブラウンの名前を覚えない。閉所恐怖症のため、寝るのは犬小屋の屋根の上。一方、フライング・エースになっているときは、群れることなく、常に超然としたクールでかっこいいタイプに。このように一筋縄ではいかないスヌーピーではありますが、いつだって自然体で、その姿はまるで「行雲流水」です。「行雲流水」とは、留まることなく流れ行く雲や水のように、物事に執着することなく、自然に逆らわず成り行きに任せて行動することを言います。みなさん、ついイライラしてしまったり、不安になったりしていませんか？　それは仕事の失敗や人間関係のよどみに執着しているからかもしれません。雲や水が何の思惑もなく流れているように、流れに身を任せてみると、スヌーピーのようになんだかとても自然体で、もっと自分を好きになることができるのではないでしょうか。

ば、自然体の魅力を放つ

Snoopy
スヌーピー

彼方へ！　彼方へ！

悩みを鞄に詰め込んで…

はるかなティペラリー…

ぼくたち第一次世界大戦の撃墜王はおセンチなんだ
…

飛ぶのが下手なことを

自慢しないかわり恥じもしない

きみはあるがままの自分を受けいれる

人間の言葉はひとことも喋らないのに

ぼくにはきみがよく分かる

それは不思議なようで当たり前なこと

小さいくせに１本の羽毛の先まで

きみはきみ自身なのだから

詩／谷川俊太郎

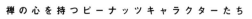

ありのままの自分でいればいい。

禅 語

———

「随所快活」

ずいしょかいかつ

———

黄色の小鳥、ウッドストック。そのさえずりは、親友であるスヌーピーにしか理解できません。そしてウッドストックは、スヌーピーの犬小屋のそばにいます。このように、二人が仲良くいられるのは、お互いが自然体な自分でいることを選んでいるからではないでしょうか。みなさん、我慢をしたり背伸びをしたりして、素の姿とは違う自分を演じてしまうことはありませんか？　さまざまな人がいる社会で生活する中で、摩擦や誤解が生じ、心がぐったりすることがあります。しかし、等身大の自分をそれ以上に見せようとする下心を捨ててみると、案外、心は軽くなり、人間関係はスムーズにいくものです。「随所快活」とは、いかなるときも自分らしくいることを言いますが、気取ることなく、ありのままの自分で生きる。それが、スヌーピーとウッドストックのような素敵な関係を築くためにも、あなたらしく輝くためにも必要なことなのではないでしょうか。

それ以上でもそれ以下でもない

Woodstock
ウッドストック

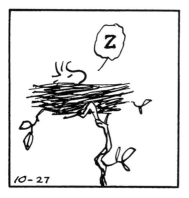

1979.10.27

誰もが自分のうちにきみを見る

意地悪は人間への情熱のあかし

愛のあかしとは言わぬまでも

わざとフライを

とらないのだと知っていても

ぼくはきみを責めはすまい

いい子ばかりの

人生なんて味気ないだけだから

詩／谷川俊太郎

おごり高ぶらず、

禅　語

「増上慢」

ぞうじょうまん

不機嫌な威張り屋としてご近所に知れ渡っているルーシー。弱点は片思いの相手であるシュローダーだけ。悟っていないのに悟ったとおごり高ぶることを「増上慢」と言いますが、地球は太陽のまわりではなく「わたしのまわりを回ってるんだと思ってたわ！」と発言したり、料金5セントを取り精神分析スタンドでアドバイスをするなど、ルーシーには「増上慢」の部分があると言えるかもしれません。物事をちゃんとわかっていないのにわかったつもりになって、おごる気持ちがあると、他人の意見やアドバイスを素直に聞き入れられなくなります。知らないうちに人を小ばかにする態度を取ってしまい、そのうちに仲間が去っていってしまう。それは人生において大きな弱点となることでしょう。いつも初心に戻って、謙虚さを忘れないようにすることが大切です。ルーシーというキャラクターの存在によって、多くの人が陥りがちな増上慢な自分を省みるきっかけになっているのです。

謙虚さを忘れずに

Lucy
ルーシー

1986.09.27

世界は1年に1周、太陽のまわりを回ってるってこ
こに書いてある…

世界は太陽のまわりを回ってるんですって？

それ確か？

わたしのまわりを回ってるんだと思ってたわ！

学校嫌いの子どもたちの守護神

あどけない顔つきできみはあばく

あらゆる知識にひそむ無意味を

きみは核戦争だって生き延びるだろう

そのたくましいエゴイズムで

詩／谷川俊太郎

人は人、自分は自分。自分

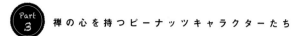

禅語

「山是山　水是水」

やまはこれやま　みずはこれみず

「なぜ、学校に行かなければいけないの？」「なぜ、ライナスは自分を
好きじゃないの？」。不思議に思うことがたくさんがあって、いつも答
えを探しているチャーリー・ブラウンの妹、サリー。そんなサリーが、
わからないときに行き着くのが「Who cares?（関係ないでしょ？）」。
山には山の、水には水の存在価値があると説く「山是山　水是水」と
いう禅語があります。他人と自分は違うものと割り切り、自分は自分
の価値観で突き進むサリーに、「山是山　水是水」を感じます。好きに
はなれないことをする人がいたとしても、それはその人の個性の一つ。
他人は自分とは違うと考えて、無意味な批判をやめてみる。自分の価
値観を人にあてはめず、人は人、と割り切るほうが人間関係というの
はうまくいくものです。そしてまた、自分も自分。サリーのように自
分のモットーを貫くことは、一見、自分本位にも見えますが、自分を
大切にするという本来の正しい人間の姿なのかもしれません。

の価値観を押し付けない

1996.08.03

いまや哲学が3つになったわ…「人生は続く」、「どうでもいいでしょ？」、「知るわけないでしょ？」

すごく深いわよね？

ちょっと深すぎるかも…

どうでもいいでしょ？
知るわけないでしょ？ 人生は続く！

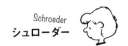
Schroeder
シュローダー

きみが保守的な男だってことは分ってる

きみはシンセサイザーを欲しがらない

きみはケージに興味がない

ペダルもない玩具のピアノで

きみは今日もベートーベンを弾いている

ルーシーに邪魔されながら

それはとてもいい人生だとぼくは思う

詩／谷川俊太郎

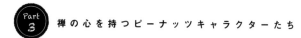

Part 3 　禅の心を持つピーナッツキャラクターたち

夢中になって取り組めば

1990.02.26

2-26

禅　語

———

「遊戯三昧」

ゆげざんまい

———

なんでも楽しくなる！

Schroeder
シュローダー

チャーリー・ブラウンの友だちであり、野球チームからキャッチャーとして召集されること以外は、ピアノに没頭している天才音楽少年・シュローダー。いつもおもちゃのピアノか、崇拝するベートーベンのそばにいます。シュローダーはほとんどの時間をピアノに費やしていますが、それは彼にとってピアノが楽しみだからではないでしょうか。ピアノの練習が楽しめないという人もいますが、彼にとっては楽しみ。大変な勉強も「勉強」ととらえるのではなく、どんな仕事も「仕事」と思うのではなく、「遊び」にならなければいけないという意味を持つ「遊戯三昧」。ここで言う遊びとは、ゲームをしたりなどという表面的なことではなく、取り組んでいることに対して、損得関係なく最大限に没入して楽しむということ。なんでも夢中になって取り組めば、楽しく、また結果は自然とついてきます。そして、何にもとらわれることなく、自由だとも言えるでしょう。

毛布は永遠だ

ぼくらはみんな身に覚えがある

毛布の代わりの貯金通帳

毛布の代わりのおふくろの味

カボチャ大王だって永遠だ

ぼくらはみんな身に覚えがある

真夜中に夢が本物の涙を流させること

真っ昼間に夢が奇跡をもたらすこと

詩／谷川俊太郎

自分の中にある光る

禅 語

─────

「明珠在掌」

みょうじゅたなごころにあり

─────

常に安心毛布を抱えている哲学的な少年、ライナス。ルーシーの弟です。ライナスは賢く、博愛で、いつもみんなに優しい声をかけます。高圧的なルーシーにさえ、ときにその賢さゆえに、痛いところをつかれても、理性的に優しく接しています。そして、がっかりしてしまうような出来事が起こったときに、誰よりも苦しむのがライナスです。「明珠在掌」という禅語があります。明珠（宝石）は手の中にある。つまり、私たちは誰しも生まれながらにして清らかな心を持っていて、それゆえ、私たち一人ひとり、誰もが大切な存在であり、大切なものであるという意味です。ライナスが、どのような相手に対しても優しくいられるのは、それがわかっているからなのかもしれません。みなさんも、ライナスのように、誰もがすでに光り輝く宝物を持っていることを知りましょう。もちろん、あなたの中にも宝物はあります。それを輝かせられるかどうかは、あなた次第です。

もののの存在を知る

1988.04.12

気をつけろよ、ワン公…もしぼくの毛布をひったくったら、一生後悔させてやるぞ…

それにその後1000年もだ！

間一髪だったな…

Peppermint Patty
ペパーミント パティ

世の中はほんの少ししか変わらない

きみが居眠りしてる間に

だからきみは安心してられる

あらゆる科目に落第点をとったって

生きることの喜びと悲しみに落第はない

きみの無知がきみの力

詩／谷川俊太郎

生きている今この時

禅 語

―――

「生死事大　無常迅速」

しょうじじだい　むじょうじんそく

―――

　生まれついてのリーダー気質で、運動神経抜群のペパーミント パティ。何事も恐れず、どんな挑戦もやりこなします。そんなペパーミント パティにとって、苦手なことは勉強。決して嫌いではないのですが、学校生活になじむことができません。彼女は、学校での多くの時間を寝て過ごしています。「生死事大　無常迅速」という禅語があります。「人は、誰しも確実に死に向かい、時は止められない、時間は人を待たずに過ぎ去っていく」という意味です。だからこそ、ひとときたりとも無駄にすることなく大事にしなければならない。どのような人でも、確実に一歩一歩死に近づいている。このことを忘れないでいれば、今、この時間の大切さに気付けるでしょう。タフでいて、ナイーブな一面も併せ持つペパーミント パティですから、寝て過ごすという時間も大切な時間なのかもしれませんが……。この禅語を身につければ無敵だと言えるでしょう。

間を大切に過ごそう

Peppermint Patty
ペパーミント パティ

1987.04.20

ちょっと、先輩……起きて下さい！
グー

どうして？

難問でしょ、どう？

今日が最後の日であるか

禅語

「因邪打正」

いんじゃだせい

学校では寝てばかり、何かにつけてサボってばかりのペパーミント パティのそばには、いつもマーシーがいます。真面目で、忠実な友人のマーシーはペパーミント パティとは正反対。「因邪打正」とは、相手の不正のおかげで、正しさを打ち出せるようになるという意味を持ちますが、まさにマーシーにとってのペパーミント パティは、この禅語のような存在です。ペパーミント パティの言動の善し悪しを見ることで、自分の振る舞いを正すマーシー。優等生のマーシーがマーシーらしくいられるのは、ペパーミント パティのおかげなのかもしれません。近年、匿名のSNSなどで、他人を批判してばかりいる方もいらっしゃるようですが、他人を批判する前に、「因邪打正」という禅語を気に留めてみてはいかがでしょう。人の愚かさから知恵を得るマーシーのように、そしてぴしゃりと厳しい意見を言うけれど友だちに恵まれているマーシーのような存在に、近づけることでしょう。

のように毎日を生きる

Marcie
マーシー

1984.05.22

こんなこと言う人がいるの知ってる？

毎日をあたかもあなたの最後の日であるかのように
生きるべきだって

あさってが最後の日であるかのように毎日を生きる
のはどうでしょう？

あなたって妙な人ね、マーシー

見た目ではなく、内なる

禅 語

「真玉泥中異」

しんぎょくでいちゅうにいなり

見た目は汚れていて、自分がたてるホコリももろともせずに現れるピッグペン。いろいろな登場人物からたびたび外見を指摘されても、当の本人は一向に堪えません。それは、ピッグペンが自分自身をきちんと持っているからに他ならないでしょう。「真玉泥中異」という禅語は、本当の素晴らしい玉石である真玉は、泥の中にあっても光り輝いているという意味です。表面だけを着飾って取り繕っても、それはあなたの真価ではありません。きらびやかな装いをする人と比べて、自分を卑下する必要などありません。華やかな暮らしを営む人を羨んで、自分の質素な生活を嘆くことはありません。自分自身に尊厳を持つピッグペンのように、あなたが本物の宝石なら、たとえ泥の中にいたとしてもその輝きは失われないのです。ピッグペンのように真の自分を見失わなければ、ピッグペンを無条件に受け入れているチャーリー・ブラウンのような人に、あなたもきっと出会えることでしょう。

自分自身に尊厳を持つ

1981.10.20

ピッグペン！　ずいぶん長いこと見かけなかったわね…

一目瞭然だけどあんたはあいかわらず汚いわね！

世界は汚い人たちを必要としてるんだ…

でなきゃ清潔なやつらの独裁になるじゃないか！

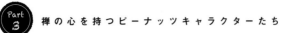

"生きている" ただそのこ

禅 語

「独坐大雄峰」

どくざだいゆうほう

孤独を愛するスパイクはスヌーピーのお兄さん。砂漠を拠点に生活し、ほとんどの時間を岩に寄りかかって過ごしています。スヌーピーに手紙を書いたり、サボテンと話をしたりすることもあります。今、ここにこうしていられることが、素晴らしく、尊く、ありがたい。そのことに気付き、与えられた命の時間を一生懸命、そして感謝して生きることが何より美しく、尊いことであるという意味を持つ「独坐大雄峰」。スパイクも、生き様は「独坐大雄峰」ではないでしょうか。私たちは、慌ただしい日々の暮らしの中で、ともすると命のありがたさを見失いがちです。人間は、生まれた瞬間から死を背負っています。人生には、大変な試練も苦労もあることでしょう。しかし、それはすべて自分を築き上げる糧。今、ここに自分が生きていることが何よりありがたいということに気がつき、スパイクのように自分の居場所で心静かに坐れば、生きている素晴らしさに気付けるはずです。

との素晴らしさに気付く

1988.07.22

DO YOU FIND THAT BEING A ROCK IS BORING?

岩でいるってのは退屈かい？

I MEAN, COMPARE YOUR LIFE WITH THE LIFE I LEAD...

つまり、ぼくの生活と比べてみろよ…

SITTING ALONE IN THE DESERT TALKING TO A ROCK..

ひとりぼっちで砂漠に座って岩に話しかけてるような…

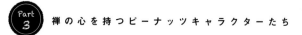

Part 3 禅の心を持つピーナッツキャラクターたち

いつだって「揺れている

禅 語

「非風非幡」

ひふうひばん

学校で後ろの席に座っているペパーミント パティから、たびたび答えようもない質問を投げかけられても、思慮深い返答をしたり、口数は少なくとも聡明さを感じさせる会話を仲間たちと交わすことも多々あるフランクリン。「非風非幡」とは、慧能禅師の公案から生まれた禅語です。あるとき、寺で揚げられていた幡を見て、二人の僧が議論を始めました。一人は「幡が動く」と言い、もう一人は「風が動く」といって、互いに意見を譲りません。この二人のやり取りを見た慧能禅師は「風が動くのでもない。幡が動くのでもない。あなたたちの心が動くのだ」と諭します。ぺちゃくちゃおしゃべりに興じることなく、本質を見抜いて端的に語るフランクリンは、まるでこの禅語の「非風非幡」のようです。おじいちゃんとの会話を穏やかにライナスに話すフランクリンには、「揺れているのは他でもない己の心だ」とわかっているのかもしれません。

のは人の心」と気付く

Franklin
フランクリン

1993.03.05

うちのおじいちゃんが言うんだ、長年生きてきたけど、いまだに人生がわからないいって

たとえば、先週、新車を買ったんだけど…

それでも風邪をひいたってさ…

189

幸せについて

一度でも

ナマで幸せを体験していれば

コトバの幸せの嘘に

だまされることはない

谷川俊太郎
『幸せについて』(ナナロク社) より

チャールズ・M・シュルツ

1922年、ミネソタ州ミネアポリス生まれ。通信教育で絵を学び、
漫画家を志す。第二次世界大戦に従軍後、24歳で新聞連載作家
としてデビュー。以来、50年にわたり『ピーナッツ』を描き続けた。

谷川 俊太郎（たにかわしゅんたろう）

1931年、東京生まれ。詩人。21歳のときに『二十億光年の孤独』を出版。
1960年代後半から『ピーナッツ』の翻訳を手がけ『完全版 ピーナッツ
全集』(河出書房新社) で完訳を果たす。

枡野 俊明（ますのしゅんみょう）

1953年、神奈川県生まれ。曹洞宗 徳雄山 建功寺第18世住職。多摩美術
大学環境デザイン学科教授。庭園デザイナー。2006年「ニューズウィ
ーク」日本版にて、「世界が尊敬する日本人100人」に選ばれる。著書多数。

ブックデザイン／石川ひろみ
文／TOKYOドーナツ、金泉 彩

心をととのえるスヌーピー（こころ）

悩みが消えていく禅の言葉（なやみ・ぜん・ことば）

2021年 9月30日 初版1刷発行
2024年11月5日　　　 20刷発行

著　者　チャールズ・M・シュルツ
訳　者　谷川俊太郎（たにかわしゅんたろう）
監修者　枡野俊明（ますのしゅんみょう）

発行者　三宅貴久

発行所　株式会社 光文社
　　　　〒112-8011　東京都文京区音羽1-16-6

電　話　編集部 03-5395-8272　書籍販売部 03-5395-8116　制作部 03-5395-8125
メール　non@kobunsha.com

落丁本・乱丁本は制作部へご連絡くだされば、お取り替えいたします。

組　版　萩原印刷
印刷所　萩原印刷
製本所　ナショナル製本